ग़द्दार

राकेश अचल

सन्मति

Title : Gaddar
ISBN: 9789390539956
Author: Rakesh Achal

प्रकाशक
सन्मति पब्लिशर्स
बी-347, संजय विहार,
मेरठ रोड, हापुड़- 245101 (उ0प्र0)
Website : www.sanmatiindia.com
Email: sanmati555@gmail.com
प्रथम संस्करण : जनवरी 2022

Processed & Printed By: Tingle Books, Hapur

समर्पण

प्रो. प्रकाश दीक्षित

के चरणों में

प्रस्तावना

भारत में प्रथम स्वतंत्रता संग्राम की चिंगारी 1857 में फूटी और 1858 में बुझ गई। इस काल में झाँसी की रानी की शहादत और ग्वालियर के सिंधिया शासकों की भूमिका हमेशा चर्चा में रही। 1858 में सिंधिया परिवार के ऊपर 'ग़द्दारी' का जो कलंक लगा वो आज डेढ़ सदी बीतने के बाद भी धूमिल नहीं हुआ है। 1858 में ग्वालियर रियासत के प्रमुख महाराज जयाजी राव सिंधिया की उम्र कोई 23 साल की थी। वे स्वतंत्र महाराज के रूप में अपने अधिकारों का इस्तेमाल भी नहीं कर रहे थे। उनके दाएँ-बाएँ अँग्रेज़ों के एजेंट थे। एक दीवान दिनकर राव राजवाड़े और एक मेजर जनरल कपर्सन। सिंधिया के तमाम फ़ैसलों के पीछे यही जोड़ी थी। अगर ये दो लोग सिंधिया के इर्द-गिर्द न होते तो मुमकिन है कि 1857 के गदर की सूरत कुछ और होती।

मध्यप्रदेश में 2020 में जब 28 सीटों के लिए विधानसभा के उपचुनाव हो रहे थे तब एक बार 164 साल बाद 1858 की घटनाएँ फिर गूँजने लगीं। कोरोनाकाल में घर बैठे इसी कुल-कलंक पर लिखने-पढ़ने का अवसर मिला तो मैं इसे एक लघुकृति का रूप देने में भिड़ गया। 'ग़द्दार' न इतिहास है और न कल्पना, इसमें दोनों का

समावेश है। इस कथा को लिखने का मक़सद न किसी का महिमा-मंडन करना है और न मान-मर्दन करना। ये काम तो राजनीतिज्ञों और इतिहासकारों का होता है। मैं तो एक साधारण लेखक/कवि की तरह एक कहानी पर लिख रहा हूँ। मुमकिन है कि ये कहानी आपको रुचिकर लगे। इस कहानी के प्रमुख पात्रों में एक झाँसी की रानी लक्ष्मीबाई हैं और दूसरे हैं ग्वालियर के तत्कालीन महाराज जयाजी राव सिंधिया; तीसरे अदृश्य नायक हैं दीवान दिनकर राव राजवाड़े। इन तीनों के इर्द-गिर्द बुनी यह कथा सिर्फ़ कथा है इतिहास नहीं। इसे इतिहास माना भी नहीं जाना चाहिए, माना भी नहीं जा सकता, क्योंकि इसे इतिहास की तरह लिखा ही नहीं गया है। इतिहास में तथ्य होते हैं, दस्तावेज़ होते हैं, हवाले होते हैं। इस कथा में इन सबका बहुत थोड़ा अंश है।

कल्पना की नाव पर चढ़कर ये तीनों लगातार बढ़ने का प्रयास करते-करते, एक कथा का आकार ले लेते हैं। इस कथा को बुनने के लिए मैंने भी अतीत की तमाम खिड़कियों को खोला, झाँका, पड़ताल की। कहीं अंतर्विरोध दिखाई दिए तो लगा कि अतिरेक भी है। इस उपन्यास को लिखने से पहले मैंने अनेक दस्तावेज़ खँगाले; रानी लक्ष्मीबाई के लिखे ख़तों के अलावा, महाराज जयाजी राव सिंधिया, दीवान दिनकर राव राजवाड़े, राजमाता बैजाबाई के चरित्रों को समझने का प्रयास किया।

दुर्भाग्य की बात है कि अधिकांश दस्तावेज़ों में रानी झाँसी से युद्ध के प्रसंग को छोड़, बाक़ी तमाम सूचनाएँ परस्पर विरोधी नज़र आईं। रानी लक्ष्मीबाई के अंतिम क्षणों के बारे में अँग्रेज़ भी अपनी

डायरियों और रिपोर्ट्स में प्रामाणिक रूप से कुछ नहीं बता सके। बावजूद इसके ये दो तथ्य स्थापित होते हैं कि रानी लक्ष्मीबाई ग्वालियर में शहीद हुईं और तत्कालीन सिंधिया शासकों ने उनका साथ नहीं दिया। परिस्थितियाँ ही ऐसी थीं कि सिंधिया, रानी लक्ष्मीबाई का साथ नहीं दे सकते थे। लेकिन सिंधिया ने यह कभी नहीं सोचा होगा कि अँग्रेज़ों और दीवान दिनकर, सबकी साज़िश उन्हें इतनी भारी पड़ेगी कि पीढ़ियों तक उन्हें इसका ख़ामियाज़ा भुगतना पड़ेगा। बहरहाल यह इतिहास की एक ऐसी कथा है जिसे बार-बार पढ़ा जाना चाहिए, समझा जाना चाहिए। यह कथा प्रेरक तो है लेकिन साथ ही सावधान करती है और मन को गौरवान्वित भी करती है।

- राकेश अचल

ख़ूब लड़ी मर्दानी वह तो, झाँसी वाली रानी थी

सिंहासन हिल उठे, राजवंशों ने भृकुटी तानी थी,
बूढ़े भारत में भी आयी फिर से नयी जवानी थी,
गुमी हुई आज़ादी की क़ीमत सबने पहचानी थी,
दूर फिरंगी को करने की सबने मन में ठानी थी,
चमक उठी सन् सत्तावन में
वह तलवार पुरानी थी।
बुंदेले हरबोलों के मुँह
हमने सुनी कहानी थी।
ख़ूब लड़ी मर्दानी वह तो
झाँसी वाली रानी थी॥

कानपूर के नाना की मुँहबोली बहन 'छबीली' थी,
लक्ष्मीबाई नाम, पिता की वह संतान अकेली थी,
नाना के संग पढ़ती थी वह, नाना के संग खेली थी,
बरछी, ढाल, कृपाण, कटारी उसकी यही सहेली थी,
वीर शिवाजी की गाथाएँ
उसको याद ज़बानी थीं।
बुंदेले हरबोलों के मुँह
हमने सुनी कहानी थी।
ख़ूब लड़ी मर्दानी वह तो
झाँसी वाली रानी थी॥

लक्ष्मी थी या दुर्गा थी वह स्वयं वीरता की अवतार,
देख मराठे पुलकित होते उसकी तलवारों के वार,
नकली युद्ध, व्यूह की रचना और खेलना ख़ूब शिकार,
सैन्य घेरना, दुर्ग तोड़ना, ये थे उसके प्रिय खिलवार,
महाराष्ट्रदेवी-कुल- उसकी
भी आराध्य भवानी थी।
बुंदेले हरबोलों के मुँह
हमने सुनी कहानी थी।
ख़ूब लड़ी मर्दानी वह तो
झाँसी वाली रानी थी॥

हुई वीरता की वैभव के साथ सगाई झाँसी में,
ब्याह हुआ रानी बन आयी लक्ष्मीबाई झाँसी में,
राजमहल में बजी बधाई ख़ुशियाँ छायीं झाँसी में,
सुभट बुंदेलों की विरुदावलिसी- वह आयी झाँसी में,
चित्रा ने अर्जुन को पाया,
शिव से मिली भवानी थी।
बुंदेले हरबोलों के मुँह
हमने सुनी कहानी थी।
ख़ूब लड़ी मर्दानी वह तो
झाँसी वाली रानी थी॥

उदित हुआ सौभाग्य, मुदित महलों में उजयाली छायी,
किंतु कालगति चुपकेचुपके- काली घटा घेर लायी,
तीर चलानेवाले कर में उसे चूड़ियाँ कब भायीं,
रानी विधवा हुई हाय! विधि को भी नहीं दया आयी,
निःसंतान मरे राजाजी
रानी शोकसमानी- थी।
बुंदेले हरबोलों के मुँह
हमने सुनी कहानी थी।
ख़ूब लड़ी मर्दानी वह तो
झाँसी वाली रानी थी॥

बुझा दीप झाँसी का तब डलहौज़ी मन में हरषाया,
राज्य हड़प करने का उसने यह अच्छा अवसर पाया,
फ़ौरन फ़ौजें भेज दुर्ग पर अपना झंडा फहराया,
लावारिस का वारिस बनकर ब्रिटिश राज्य झाँसी आया,
अश्रुपूर्ण रानी ने देखा
झाँसी हुई बिरानी थी।
बुंदेले हरबोलों के मुँह
हमने सुनी कहानी थी।
ख़ूब लड़ी मर्दानी वह तो
झाँसी वाली रानी थी॥

अनुनय विनय नहीं सुनता है, विकट फिरंगी की माया,
व्यापारी बन दया चाहता था जब यह भारत आया,
डलहौज़ी ने पैर पसारे अब तो पलट गयी काया,
राजाओं नव्वाबों को भी उसने पैरों ठुकराया,
रानी दासी बनी, बनी यह
दासी अब महरानी थी।
बुंदेले हरबोलों के मुँह
हमने सुनी कहानी थी।
ख़ूब लड़ी मर्दानी वह तो
झाँसी वाली रानी थी॥

छिनी राजधानी देहली की, लिया लखनऊ बातोंबात-,
क़ैद पेशवा था बिठूर में, हुआ नागपुर का भी घात,
उदैपूर, तंजोर, सतारा, करनाटक की कौन बिसात,
जबकि सिंध, पंजाब, ब्रह्म पर अभी हुआ था वज्रनिपात-,
बंगाले, मद्रास आदि की
भी तो यही कहानी थी।
बुंदेले हरबोलों के मुँह
हमने सुनी कहानी थी।
ख़ूब लड़ी मर्दानी वह तो
झाँसी वाली रानी थी॥

रानी रोयीं रनिवासों में बेगम ग़म से थीं बेज़ार
उनके गहनेकपड़े- बिकते थे कलकत्ते के बाज़ार,
सरेआम- नीलाम छापते थे अंग्रेज़ों के अख़बार,
'नागपूर के जेवर ले लो' 'लखनऊ के लो नौलख हार',
यों परदे की इज़्ज़त पर
देशी के हाथ बिकानी थी।
बुंदेले हरबोलों के मुँह
हमने सुनी कहानी थी।
ख़ूब लड़ी मर्दानी वह तो
झाँसी वाली रानी थी॥

कुटियों में थी विषम वेदना, महलों में आहत अपमान,
वीर सैनिकों के मन में था, अपने पुरखों का अभिमान,
नाना धुंधूपंत पेशवा जुटा रहा था सब सामान,
बहिन छबीलीनेरणचंडी- का कर दिया प्रकट आह्वान,
हुआ यज्ञ प्रारंभ उन्हें तो
सोयी ज्योति जगानी थी।
बुंदेले हरबोलों के मुँह
हमने सुनी कहानी थी।
ख़ूब लड़ी मर्दानी वह तो
झाँसी वाली रानी थी॥

महलों ने दी आग, झोंपड़ी ने ज्वाला सुलगायी थी,
यह स्वतंत्रता की चिनगारी अंतरतम से आयी थी,
झाँसी चेती, दिल्ली चेती, लखनऊ लपटें छायी थीं,
मेरठ, कानपूर, पटना ने भारी धूम मचायी थी,
जबलपूर, कोल्हापुर में भी
कुछ हलचल उकसानी थी।
बुंदेले हरबोलों के मुँह
हमने सुनी कहानी थी।
ख़ूब लड़ी मर्दानी वह तो
झाँसी वाली रानी थी॥

इस स्वतंत्रतामहायज्ञ- में कई वीरवर आये काम
नाना धुंधूपंत, ताँतिया, चतुर अजीमुल्ला सरनाम,
अहमद शाह मौलवी, ठाकुर कुँवरसिंह सैनिक अभिराम,
भारत के इतिहासगगन- में अमर रहेंगे जिनके नाम,
लेकिन आज जुर्म कहलाती
उनकी जो क़ुरबानी थी।
बुंदेले हरबालों के मुँह
हमने सुनी कहानी थी।
ख़ूब लड़ी मर्दानी वह तो
झाँसी वाली रानी थी॥

इनकी गाथा छोड़ चलें हम झाँसी के मैदानों में,
जहाँ खड़ी है लक्ष्मीबाई मर्द बनी मर्दानों में,
लेफ़्टिनेंट वॉकर आ पहुँचा, आगे बढ़ा जवानों में,
रानी ने तलवार खींच ली, हुआ द्वंद्व असमानों में,
ज़ख्मी होकर वॉकर भागा,
उसे अजब हैरानी थी।
बुंदेले हरबोलों के मुँह
हमने सुनी कहानी थी।
ख़ूब लड़ी मर्दानी वह तो
झाँसी वाली रानी थी॥

रानी बढ़ी कालपी आयी, कर सौ मील निरंतर पार
घोड़ा थककर गिरा भूमि पर, गया स्वर्ग तत्काल सिधार,
यमुनातट- पर अंग्रेज़ों ने फिर खायी रानी से हार,
विजयी रानी आगे चल दी, किया ग्वालियर पर अधिकार,
अंग्रेज़ों के मित्र सिंधिया
ने छोड़ी रजधानी थी।
बुंदेले हरबोलों के मुँह
हमने सुनी कहानी थी।
ख़ूब लड़ी मर्दानी वह तो
झाँसी वाली रानी थी॥

विजय मिली, पर अंग्रेज़ों की फिर सेना घिर आयी थी,
अबके जनरल स्मिथ सन्मुख था, उसने मुँह की खायी थी,
काना और मंदरा सखियाँ रानी के सँग आयी थीं,
युद्ध क्षेत्र में उन दोनों ने भारी मार मचायी थी,
पर, पीछे ह्यूरोज़ आ गया,
हाय! घिरी अब रानी थी।
बुंदेले हरबोलों के मुँह
हमने सुनी कहानी थी।
ख़ूब लड़ी मर्दानी वह तो
झाँसी वाली रानी थी॥

तो भी रानी मारकाटकर- चलती बनी सैन्य के पार,
किंतु सामने नाला आया, था वह संकट विषम अपार,
घोड़ा अड़ा, नया घोड़ा था, इतने में आ गये सवार,
रानी एक, शत्रु बहुतेरे, होने लगे वार पर वार,
घायल होकर गिरी सिंहनी
उसे वीरगति- पानी थी।
बुंदेले हरबोलों के मुँह
हमने सुनी कहानी थी।
ख़ूब लड़ी मर्दानी वह तो
झाँसी वाली रानी थी॥

रानी गयी सिधार, चिता अब उसकी दिव्य सवारी थी,
मिला तेज़ से तेज़, तेज़ की वह सच्ची अधिकारी थी,
अभी उम्र कुल तेइस की थी, मनुज नहीं अवतारी थी,
हमको जीवित करने आयी बन स्वतंत्रता नारी थी,
दिखा गयी पथ, सिखा गयी
हमको जो सीख सिखानी थी।
बुंदेले हरबोलों के मुँह
हमने सुनी कहानी थी।
ख़ूब लड़ी मर्दानी वह तो
झाँसी वाली रानी थी॥

जाओ रानी याद रखेंगे हम कृतज्ञ भारतवासी,
यह तेरा बलिदान जगावेगा स्वतंत्रता अविनाशी,
होवे चुप इतिहास, लगे सच्चाई को चाहे फाँसी,
हो मदमाती विजय, मिटा दे गोलों से चाहे झाँसी,
तेरा स्मारक तू ही होगी,
तू ख़ुद अमिट निशानी थी।
बुंदेले हरबोलों के मुँह
हमने सुनी कहानी थी।
ख़ूब लड़ी मर्दानी वह तो
झाँसी वाली रानी थी॥

- सुभद्रा कुमारी चौहान

मार्च का महीना शुरू हो चुका था। ग्वालियर दुर्ग के बलुआ पत्थर धीरे-धीरे गर्मी से लाल होने लगे थे। क़िले के बाहर ग्वालियर के सिंधिया महल के अंदर भी एक युवक भीतर ही भीतर तप रहा था। युवक का नाम का भागीरथ, जिसे भाग्य ने सड़क से उठाकर ग्वालियर की एक शक्तिशाली रियासत के सिंहासन पर बैठा दिया था।

भागीरथ को नींद नहीं आ रही थी। आती भी कैसे, सिंध नदी के पार सौ मील दूर झाँसी के क़िले में सुलग रही आग की तपिश, हवा के साथ उठकर ग्वालियर तक दस्तक दे रही थी।

ग्वालियर से झाँसी के बीच एक और रियासत थी- दतिया। लेकिन वहाँ कोई हलचल नहीं थी। हलचल तो ग्वालियर में भी नहीं थी लेकिन भागीरथ को बहुत दूर के दृश्य दिखाई दे रहे थे।

भागीरथ जब केवल आठ-दस साल का था, तब आज़ादी के साथ अपने हमउम्र बच्चों के संग गलियों में कंचे खेला करता था। भागीरथ के अचूक निशाने से उसके सभी साथी घबराते थे, क्योंकि अधिकांश खेलों में बाज़ी उसी के हाथ ही लगती थी।

अचूक निशानची भागीरथ, क़िले से निकलती तपिश को भूल पुरानी यादों में खो गया। उसे अपने शाही महल के झरोखे से अपने मोहल्ले की वे गलियाँ साफ़ नज़र आने लगीं, जिनमें वो भी मौजूद था।

“बाबा अब तेरी बारी है,” साथ के एक बच्चे ने अपना पायजामा कमर पर चढ़ाते हुए कहा। इशारा भागीरथ की तरफ़ था। छरहरे शरीर के भागीरथ ने अपने अंगरखे की जेब से काँच की बड़ी गोली निकाली और अपनी बायीं आँख को थोड़ी देर के लिए बंद किया फिर सामने बिखरी रानी गोली पर निशाना दे मारा।

चटाक की आवाज़ के साथ रानी गोली दो हिस्सों में बँट गई। भागीरथ और उसके साथी ख़ुशी से उछल पड़े, उधर प्रतिद्वन्द्वी दल के

बच्चों के मुँह लटक गए। पराजित दल के नेता बालक का नाम संग्राम था। उसे ये हार कुछ पची नहीं। संग्राम ने भागीरथ को एक और बाज़ी खेलने का न्योता दिया।

भागीरथ के चेहरे पर जीत की प्रतिक्रिया क्षण भर के लिए ही ठहरी। दिन चढ़ रहा था और उसे घर लौटने की जल्दी थी। भागीरथ जानता था कि यदि घर देर से पहुँचा तो आई-बाबा की डाँट खानी ही पड़ेगी। लेकिन डाँट तो रोज़ खानी पड़ती है, ये सोचकर उसने अपनी बाँह से चेहरे पर छलछलाता पसीना पोंछा और बोला, "ठीक है संग्राम! तुम कहते हो तो एक बाज़ी और..."

"ठीक है," कहकर संग्राम ने दोनों हथेलियों में कंचे भरकर पहले साफ़ किए फिर रास्ते पर बने एक गड्ढे, जिसे 'पिलिया' कहते हैं, की ओर उछाल दिए। कंचे खेल रहे बच्चों को ख़बर ही न थी कि उनके खेल को रियासत की दो पारखी आँखें चुपचाप घूर रही हैं। ये आँखें थीं ग्वालियर रियासत के अनुभवी सरदार आँग्रे की, जो रियासत के भविष्य को लेकर चिंतित रहते थे।

सरदार आँग्रे की चिंता थी कि, "रियासत के महाराजा निसंतान हैं, यदि अचानक उनका निधन हो गया तो? महारानी की उम्र भी अभी बहुत कम है। उत्तराधिकारी की अनुपस्थिति में अँग्रेज़ जोड़-तोड़ करके देश की इस दूसरी बड़ी रियासत को हड़प सकते हैं।"

अँग्रेज़ों की नस-नस से वाक़िफ़ सरदार आँग्रे ने देखा था कि अँग्रेज़ कैसे देशी रियासतों को अपना ग्रास बना लेते हैं। उन्हें तो केवल बहाने चाहिए। सरदार आँग्रे पक्के मराठा नायक थे, वे अँग्रेज़ों को कोई अवसर नहीं देना चाहते थे। सरदार आँग्रे, महाराज जनकोजीराव (तृतीय) के निधन के पहले से ही उनके उत्तराधिकारी की खोज में जुट गए थे।

महाराज जनकोजीराव की सेहत दिनों-दिन ख़राब हो रही थी। पूरा महल महाराज की सेहत को लेकर चिंतित था। महारानी ताराबाई की उम्र भी उस समय चौदह वर्ष की थी। महाराज का ज्यादातर समय ख़ानदानी बग़ावतों का सामना करते बीता था।

सरदार आँग्रे नि:संतान जनकोजीराव और महारानी ताराबाई की पीड़ा को समझते थे। अचानक महाराज की साँसें उखड़ने लगीं।

गर्वनर जनरल लॉर्ड ऐलनबरो गिद्ध की तरह सिंधिया रियासत हड़पने की तैयारियाँ कर रहा था, लेकिन सरदार आँग्रे को शायद ऐलनबरो जानता नहीं था। आँग्रे ने सड़क पर कंचे खेल रहे भागीरथ को रियासत का उत्तराधिकारी बनाने का फ़ैसला कर लिया।

सरदार आँग्रे बच्चों को कंचे खेलते छोड़कर सीधे भागीरथ के घर का पता पूछते हुए जब सरदार हनुमंत राव के घर पहुँचे तो उनकी ख़ुशी का ठिकाना नहीं रहा। सरदार आँग्रे को अपने बाड़े में खड़ा देख सरदार हनुमंत राव चौंके। वे सरदार आँग्रे को आदर सहित अपनी हवेली के भीतर ले गए।

"राव साहब! मैं एक ज़रूरी काम से यहाँ तक आया हूँ।"

"अपने हुकुम किया होता, मैं ख़ुद हाज़िर हो जाता।"

"नहीं, काम ही ऐसा था कि मुझे ही आपके यहाँ आना था।"

"आदेश कीजिए आप तो, आपका हर हुकुम सिर-माथे! हमारे लिए तो आपका आदेश ही राजाज्ञा है।"

हनुमंत राव विनयवत हाथ जोड़े खड़े थे। सरदार आँग्रे ने उनके कंधे पर हाथ रखकर कहा, "देखो! राव आज मैं तुम्हारे यहाँ ठीक उसी तरह आया हूँ जैसे राजा दशरथ के घर विश्वामित्र आए थे।"

"आप पहेलियाँ क्यों बुझा रहे हैं सरकार? आप सीधे-सीधे बताइए न, कि मुझे क्या करना है?"

"मुझे अपना बेटा भागीरथ दे दो।"

"क्या?"

सरदार आँग्रे की माँग सुनकर सरदार हनुमंत राव का चेहरा अचानक पीला पड़ गया। वे हाथ जोड़कर खड़े हो गए। उनके मुँह से शब्द नहीं फूट रहे थे। माथे पर छलछलाते पसीने को पोंछते हुए राव साहब ने कहा, "ये क्या माँग रहे हैं आप? भागीरथ तो हमारा जीवन है।"

"जानता हूँ! लेकिन आज तुम्हें रियासत के लिए, महाराज के लिए, ग्वालियर के लिए, भागीरथ का मोह छोड़ना पड़ेगा। अगर आज तुमने इंकार किया तो बड़ा अनर्थ हो जाएगा।"

"मैं समझा नहीं।" हनुमंत राव ने उलझन भरे स्वर में कहा।

"आओ, बैठो! मैं तुम्हें विस्तार से बताता हूँ।" दोनों सरदार एक बड़े तख़्त पर बैठ गए। आसपास कोई न था। हवेली में किसी और को सरदार आँग्रे के आने की भनक तक नहीं लगी थी।

"राव साहब! आपको पता है कि महाराज जनकोजीराव मृत्युशय्या पर हैं। उनकी आँखें बंद होते ही रियासत पर दुखों का पहाड़ टूट पड़ेगा। आप यह भी जानते हैं कि महाराज निःसंतान हैं और महारानी अवयस्क। महाराज का कोई उत्तराधिकारी नहीं है। ऐसे में अँग्रेज़ इस विशाल रियासत को पलक झपकते ही हड़प लेंगे। मैं चाहता हूँ कि आप भागीरथ को महाराज की गोद में डाल दें ताकि ग्वालियर के शिंदे वंश का सूरज डूबने से बच सके।" सरदार आँग्रे एक साँस में सारी बात कहकर ख़ामोश हो गए।

सरदार हनुमंत राव की दशा साँप-छछूंदर जैसी थी। न ही ना करते बन रहा था, न हाँ करते बन रहा था। एक तरफ़ रियासत के भविष्य और सिंधिया वंश के भविष्य का प्रश्न था तो दूसरी तरफ़ बेटे को हमेशा के लिए छोड़ने का दर्द।

राव साहब की कोठी के सभागार में ही नहीं बल्कि पूरी हवेली में नीरवता पसर गई थी। राव हाथ जोड़ सरदार आँग्रे के सामने मूर्तिवत खड़े थे। उनकी कनपटियाँ तप रही थीं और आँखें सजल थीं। रोम-रोम काँप रहा था। वे कातर होकर बोले, "इस काम के लिए आपके अपने लड़के भी तो हैं।"

"हाँ हैं, लेकिन मैं अपने किसी लड़के को रियासत का उत्तराधिकारी बनाकर आफ़त मोल नहीं लेना चाहता। दुनिया मुझे लालची और अवसरवादी कहेगी। मुझे सत्ता का कोई लोभ नहीं है। मैं तो शिंदेशाही के लिए समर्पित हूँ।" सरदार आँग्रे ने लगभग झल्लाते हुए कहा।

राव साहब सरदार आँग्रे की जलती हुई आँखों का सामना नहीं कर सके। समर्पण करते हुए बोले, "लेकिन..."

"लेकिन क्या..? मुझे भागीरथ में ही शिंदेशाही का भविष्य नज़र आ रहा है, उसकी क़िस्मत से खिलवाड़ मत करो राव।" सरदार आँग्रे बिफरे।

अब राव के सामने कोई रास्ता नहीं बचा था वे निरुत्तर थे। सरदार आँग्रे राव के उत्तर की प्रतीक्षा किए बिना ड्योढ़ी के बाहर आ गए। चलते-चलते उन्होंने कहा, "मुझे अगले चौबीस घंटे में अपना जवाब दे देना।"

सरदार आँग्रे जब राव की ड्योढ़ी से बाहर निकल रहे थे उसी समय धूल-धूसरित भागीरथ ने उनका सामना हो गया। सरदार आँग्रे को सामने देख नन्हा भागीरथ सहम गया। सरदार आँग्रे ने प्यार से उसके सिर पर हाथ रखा, माथा चूमा और बिना कुछ कहे अपने घोड़े पर सवार होकर बढ़ गए। अंदर से राव और बाहर से भागीरथ उनके घोड़े की टापें सुन रहे थे।

***

"महाराज! आधी रात होने को है, आप अभी तक सोए नहीं?"

एक मधुर आवाज़ सुनकर महाराज जयाजीराव की तंद्रा टूटी। सामने थीं राजमाता! उन्होंने आदर व्यक्त करते हुए प्रश्नाकुल मुद्रा में देखा।

"हाँ! आपके कक्ष में प्रकाश देखकर मैं इधर चली आई। किस चिंता में डूबे हैं आप?" राजमाता ने वात्सल्यपूर्वक पूछा। सरदार आँग्रे की मदद से वे ही राज चला रही थीं। मामा और आँग्रे प्रतिदिन युवा महाराज को राजकाज की बारीकियाँ समझाने में लगे थे।

"मैं सोने जाता हूँ राजमाताजी, आप भी विश्राम कीजिए। चिंता की कोई बात नहीं है।" महाराज जयाजीराव ने राजमाता को आश्वस्त किया।

राजमाता बिना कुछ कहे महाराज के कक्ष से बाहर निकल गईं, लेकिन महाराज दोबारा अपने अतीत में उतर गए। उन्हें कब नींद आ गई, पता ही नहीं चला। उनके कानों में अपने बचपन की आहटें दस्तक दे रही थीं।

सरदार राव के बाड़े में किसी को कानोंकान ख़बर नहीं थी कि कल क्या होने वाला है। उधर सरदार आँग्रे ने बीमार महाराज जनकोजीराव और महारानी ताराबाई को अपनी खोज के बारे में बताया। मामा खासगीवाले भी उसी समय वहाँ आ गए। चारों ने विमर्श करके भागीरथ को महाराज का उत्तराधिकारी बनाने का फ़ैसला कर लिया।

महल में इतना बड़ा फ़ैसला हो गया लेकिन किसी को कानोंकान भनक नहीं हुई। यहाँ तक कि अँग्रेज़ों के तमाम अहलकार भी इस योजना को सूँघ नहीं सके।

सरदार आँग्रे और मामा खासगीवाले ने राजपुरोहित को महल में बुलाकर विधि-विधान से भागीरथ को महाराज जनकोजीराव और ताराबाई का दत्तक पुत्र बना दिया। महाराज जनकोजीराव की आँखों में सरदार आँग्रे के प्रति कृतज्ञता के आँसू थे। वे बहुत क्षीण स्वर में बुदबुदाए- "अब मैं चैन से मर सकूँगा आँग्रे। आपने शिंदेकुल का सूर्य अस्त होने से बचा लिया। ग्वालियर आपका ये उपकार कभी नहीं भुला पाएगा।"

सरदार आँग्रे महाराज के पलंग के पास घुटनों के बल बैठ गए। उन्होंने महाराज का हाथ अपने हाथों में लेकर चूम लिया। मामा खासगीवाले और महारानी तारा की आँखों से अश्रुधारा झरझर बह रही थी। नन्हा भागीरथ कुछ भी नहीं समझ पा रहा था। उसके लिए तो सब कुछ कल्पना से परे था।

महाराज की दशा लगातार बिगड़ रही थी। सब अनिष्ट की आशंका से घिरे थे। एक भागीरथ था जो इस सबसे अनजान था। उसकी परेशानी थी कि उसे अचानक राजसी अनुशासन से बाँध दिया गया था। बेचारा न कंचे खेल सकता था और न अपने हमजोलियों के साथ खुली सड़कों पर दौड़ सकता था।

भागीरथ अचानक ही युवराज हो गया था। उसे युवराज का अर्थ पता नहीं था। भागीरथ कई बार महल से भागकर अपने घर पहुँच जाना चाहता था लेकिन उसके चारों ओर सेवकों का ऐसा घेरा था जो भागने का कोई अवसर ही नहीं देता था।

सुबह जागने से लेकर रात को सोने तक के कामकाज के लिए सेवक तैनात थे। उसे उठने-बैठने, बोलने, खाने, पीने, चलने, कपड़े पहनने का ऐसा कठोर प्रशिक्षण दिया जा रहा था कि वह परेशान हो उठा। लेकिन अब भागीरथ पुराना वाला भागीरथ था ही नहीं। उसका नाम जयाजीराव हो चुका था। युवराज जयाजीराव, जिसके आगे-पीछे पूरा महल चकरघिन्नी रहता था।

महारानी ताराबाई ने कुछ ही दिनों में अपने वात्सल्य से नन्हे भागीरथ के दिमाग से उसके घर की यादों को विलोपित करना शुरू कर दिया था। भागीरथ के लिए हालाँकि अपने माँ-बाप को भुलाना इतना आसान न था, पर इतना तो उसकी समझ में आ गया था कि अब महल ही उसका सब कुछ है।

महल में भागीरथ यानी जयाजीराव के खेलकूद का हर इंतजाम था। महल परिसर में उसके लिए कंचों से संदूक भर दिया गया था, लेकिन उसे धीरे-धीरे कंचों से और निशानेबाज़ी से चिढ़ हो गई थी क्योंकि इन्हीं कंचों के खेल ने उसका बचपन छीन लिया था, मित्रमंडली छीन ली थी। भागीरथ अपना अतीत याद कर रोना चाहता था, लेकिन अब वह जयाजीराव था, जो उसे रोने की इजाज़त ही नहीं देता था। भागीरथ का प्रारब्ध ही शायद ग्वालियर के लिए लिखा गया था। उसे सरदार नहीं, बल्कि सरदारों का महाराज जो बनना था। ऐसा महाराज जो महादजी सिंधिया के शौर्य का वाहक था।

महाराज जनकोजीराव द्वारा भागीरथ को अपना दत्तक पुत्र बना लेने की ख़बर अत्यंत गोपनीय बनी रही। अँग्रेज़ी अहलकारों तक को इसकी भनक न थी, और जब ये ख़बर गवर्नर जनरल लॉर्ड एडनबरो तक पहुँची तो उसके पाँवों के नीचे से ज़मीन खिसक गई।

सिंधिया साम्राज्य के संस्थापक महाराज महादजी सिंधिया के हाथों दो बार पराजय का सामना कर चुकी अँग्रेज़ी सेना की पीड़ा एलनबरो को लगातार कचोटती रहती थी। उसकी योजना थी कि इधर नि:संतान महाराज जनकोजीराव की आँखें बंद हों और कंपनी उनकी रियासत को हड़प ले।

***

इधर जयाजीराव अपने अतीत के बारे में सोच रहे थे। सरदार आँग्रे से बातचीत के अगले दिन भागीरथ को खेलने की अनुमति घर वालों ने नहीं दी। घर में माँ और पिता का चेहरा उतरा हुआ था, कोई खुलकर बात भी नहीं कर रहा था। नन्हे भागीरथ को न जाने क्यों कुछ नया होने की आशंका परेशान कर रही थी।

भागीरथ अपने कमरे में अकेला ही कंचों से खेल रहा था। ख़ुद ही लक्ष्य तय करता और ख़ुद ही निशाना साधता। उसे ख़ुद ही जीतना था, ख़ुद ही हारना था। हार-जीत के खेल में उसका मन नहीं लग रहा था।

दोपहर में माँ-बाबा ने उसे अपने साथ बैठाकर भोजन कराया। प्रायः ऐसा कम ही होता था। माँ पंखा झलती, तो कभी प्रेम से सिर पर हाथ फेरती। बाबा केवल मुस्करा कर रह जाते।

खाना खाने के बाद भागीरथ को निर्देश मिला कि शाम को वो घर पर ही रहे, खेलने न जाए। किसी ने घर पर रहने का कोई कारण नहीं बताया। भागीरथ अधीर हो रहा था, लेकिन पूछे तो किससे पूछे? आई-बाबा का तो मिज़ाज ही नहीं मिल रहा था।

गर्मियों में सूरज देर से डूबता है, इसलिए भागीरथ के लिए शाम की प्रतीक्षा करना भारी पड़ गया। शाम होते ही ड्योढ़ी के बाहर एक बग्घी रुकी। बग्घी से महल का एक सेवक उतरा। उसने राव साहब को झुककर सलाम किया और बोला, “हुज़ूर, आँग्रे साहब ने भेजा है आपको लेने के लिए।”

“ठीक है, रुको! अभी चलते हैं।” हनुमंत राव ने रुखे स्वर में कहा और ड्योढ़ी के भीतर आकर भागीरथ की माँ से भागीरथ को बुलाने के लिए कहा। भागीरथ तो कब से तैयार बैठा था। उसने पिता का निर्देश अपने कमरे में ही सुन लिया था, सो ख़ुद ही निकलकर

बाहर आ गया। माँ भागीरथ को लेकर पूजा घर में गई। उसने भगवान विट्ठल को प्रणाम करने को कहा।

भागीरथ ने भगवान की प्रतिमा को प्रणाम किया, और माँ की ओर देखा। माँ छत की ओर शून्य में निहार रही थी, शायद उसकी आँखें गीली थी, भागीरथ कुछ नहीं समझा। अपलक माँ को निहारता रहा। कुछ देर बाद जैसे माँ नींद से जागी और भागीरथ को लेकर उसके पिता के पास आ गई।

सरदार हुनमंत राव भागीरथ की ही प्रतीक्षा कर रहे थे। उन्होंने भागीरथ की उँगली पकड़ी और महल से आई बग्घी में सवार हो गए। भागीरथ ने बग्घी के चलते ही कनखियों से अपनी ड्योढ़ी को दूर तक निहारा। कुछ ही देर में ड्योढ़ी आँखों से ओझल हो गई।

***

भागीरथ के मन में कौतूहल था। वो पहली बार महल जा रहा था। उसने महल को दूर से देखा ज़रूर था लेकिन कभी महल के भीतर क़दम नहीं रखा था। भागीरथ ग्वालियर के महाराज के बारे में भी क़िस्से सुना करता था। किंतु उसने कभी उन्हें देखा नहीं था। दशहरे पर भी नन्हा भागीरथ महाराज की एक झलक पाने के लिए अपने पिता के साथ देर तक खड़ा रहा था पर कामयाब नहीं हुआ।

महल के विशाल दरवाज़ों पर पहुँचकर बग्घी रुकी तो राव साहब ने उतरने की कोशिश की, लेकिन कोचवान ने उन्हें बैठे रहने का इशारा किया। महल का दरवाज़ा चरमराहट के साथ खुला और बग्घी सीधे महल के अहाते में दाख़िल हो गई।

महल के दरवाज़े पर वही कठोर चेहरे वाले सरदार आँग्रे खड़े थे जिन्हें भागीरथ ने बीती शाम अपनी ड्योढ़ी से निकलते देखा था। सरदार आँग्रे का व्यक्तित्व ही इतना प्रभावी था कि बच्चा क्या बूढ़ा तक चकित रह जाए। सरदार आँग्रे ने बग्घी से उतरते ही भागीरथ का हाथ पकड़ लिया। उन्होंने राव साहब की कोर्निश की भी अनदेखी कर दी। तीनों सीधे महल में प्रवेश कर गए।

कुछ ही देर में सरदार आँग्रे भागीरथ और उसके पिता को लेकर रोगशय्या पर पड़े महाराज जनकोजीराव के सामने थे। तीनों ने महाराज को कोर्निश की। महाराज ने तिरछी निगाहों से भागीरथ की ओर देखा।

“यही है भागीरथ महाराज! जिसे मैंने आपकी ख़िदमत के लिए चुना है।” सरदार आँग्रे ने विनम्र और पुलकित होकर कहा। महाराज केवल हल्के से मुस्कराए, लगा जैसे घने काले बादलों में से रोशनी की कोई बारीक लकीर उभरी हो। महाराज ने हाथ के इशारे से भागीरथ को अपने पास बुलाया।

सरदार आँग्रे नन्हे भागीरथ को लेकर महाराज जनकोजीराव के पलंग के क़रीब पहुँच गए। भागीरथ के पिता सरदार हनुमंत राव जड़वत खड़े रहे। वे जीवन में महाराज के इतने क़रीब नहीं आए थे। महाराज का पीला-सा चेहरा देख उन्हें अत्यंत वेदना हुई।

"क्या नाम है आपका?" महाराज ने भागीरथ के सिर पर हाथ फेरते हुए पूछा।

"भागीरथ! भागीरथ, महाराज!"

"बड़ा अच्छा नाम है।"

भागीरथ चुप रहा। महाराज ने फिर पूछा-

"हमारे साथ रहोगे?"

भागीरथ ने उत्तर देने के बजाय अचकचाकर अपने पिता की ओर देखा। वे नज़रें झुकाए खड़े थे। भागीरथ कुछ समझा नहीं।

"आप आराम कीजिए महाराज! मैं भागीरथ को ले जाता हूँ।" सरदार आँग्रे ने माहौल को बोझिल होते देख कहा और फिर तीनों अदब से महाराज का अभिवादन कर उनके कक्ष से बाहर आ गए।

महल के अंत:पुर की चकाचौंध देख पिता-पुत्र की आँखें चौधियाँ गई थीं। महाराज का क्या शानदार शयन कक्ष था। सोने का पलंग, मसहरी, झूमर, सारा सामान अति सुंदर था। कक्ष में भीनी-भीनी सुगंध के साथ ही बाहर के मुकाबले शीतलता भी अधिक थी।

"राव साहब!" सरदार आँग्रे ने मौन तोड़ा। "अब आप राजे को यहीं छोड़ दीजिए, आज से आपकी नहीं ग्वालियर की अमानत है। आज से आपको राजे की चिंता करने की ज़रूरत नहीं है।"

"जी हुकुम!" राव साहब के मुँह से बमुश्किल दो शब्द फूटे और आँखें छलछला आईं। भागीरथ ने अपने पिता को ऐसी दशा में पहले कभी नहीं देखा था। भागीरथ ने सरदार आँग्रे की उँगली झटकी और अपने पिता से लिपटकर सिसकने लगा।

"मैं यहाँ नहीं रहूँगा, मुझे अपने साथ ले चलिए बाबा।" भागीरथ ने बिलखकर कहा, लेकिन राव साहब ने अपने दुपट्टे से अपनी आँखें पोंछते हुए भागीरथ का हाथ दोबारा सरदार आँग्रे को थमा दिया और बिना कुछ बोले महल के बाहर निकल आए।

सिंधिया के महल में अरसे बाद भावुकता अंकुरित हुई थी। सरदार आँग्रे का मन भी भीगा हुआ था, लेकिन वे अपने चेहरे पर हमेशा चिपकी रहने वाली कठोरता का आवरण लपेटे रहे। उन्होंने पता नहीं कैसे अपने आप पर क़ाबू किया। वे नन्हे भागीरथ को लेकर महल के दूसरे कक्ष में चले गए। उन्होंने ग्वालियर रियासत ही नहीं बल्कि शिंदेशाही के भविष्य की उँगली थाम रखी थी। इतिहास में ऐसा कभी-कभी होता है।

महल में भागीरथ को जयाजीराव बने अभी कुछ ही दिन बीते थे कि महाराज जनकोजीराव की तबियत अचानक तेज़ी से बिगड़ने लगी। बैजाबाई अपने बेटे की दशा देखकर चिंतित हो गईं। जनकोजीराव की उम्र थी ही कितनी! मात्र 38 साल के महाराज को अचानक बीमारियों ने आ घेरा था।

राजमाता बैजाबाई दृढ़ निश्चय वाली साम्राज्ञी थीं। उनके एकमात्र पुत्र युवराज माधौराव सिंधिया की मात्र 8 माह की उम्र में 1812 को मौत हो गई थी। इकलौते बेटे की मौत से महाराजा दौलत राव सिंधिया टूट गए थे, लेकिन महारानी ने हिम्मत नहीं हारी और राजसत्ता के सूत्र अपने हाथों में ले लिए।

उत्तराधिकारी के बिना शासन चला रही बैजाबाई ने अँग्रेज़ों को पास फटकने नहीं दिया। हारकर 21 मार्च 1827 को उन्हें अँग्रेज़ों ने अपना रीजेंट बना दिया। केवल एक अल्पसमय के लिए। पर जनकोजीराव का साथ बैजाबाई भी अंत तक नहीं निभा सकीं।

ऐसे संक्रमण काल में भागीरथ का महल में प्रवेश एक असाधारण घटना थी। महाराज जनकोजीराव भीतर ही भीतर घुलते जा रहे थे। उत्तराधिकार की चिंता उन्हें अलग से खाए जा रही थी, लेकिन भागीरथ को पाकर वे तमाम चिंताओं से उबर गए थे। उन्हें संतोष इस बात का था कि उनके जीते जी महल को सिंहासन का उत्तराधिकारी मिल गया था।

आख़िर 7 फरवरी 1843 को वो घड़ी आ ही गई जब महाराज जनकोजीराव की साँसें थम गईं। महल के साथ-साथ पूरी रियासत में महाराज के निधन की ख़बर आग तरह फैल गई। महल की दीवारें जैसे स्तब्ध थीं, कंगूरे दुख के मारे गिर जाना चाहते थे।

दुख की इस अकल्पनीय घड़ी में महारानी ताराबाई और भागीरथ यानी जयाजीराव के आँसू पोंछने वाले केवल मामा खासगीराव और सरदार आँग्रे ही थे। महल की महिलाएँ ताराबाई को ढाँढ़स बँधा रही थीं। मात्र चौदह वर्ष की ताराबाई ने तो अभी ढंग से दुनियादारी सीखी भी नहीं थी। उनकी आँखों से आँसुओं की अविरल धारा बह रही थी।

महाराज जनकोजीराव का अंतिम संस्कार करने के लिए शाही तैयारियाँ की जाने लगीं। रियासत भर के सरदारों, जागीरदारों का जमावड़ा महल में होने लगा था, पर इतनी भीड़भाड़ के बावजूद महल में सन्नाटा था। अगले दिन राजवंश की स्थापित परंपराओं का पालन किया जाना था।

महल में एक तरफ़ महारानी ताराबाई के अल्पवयस्क कंधों पर वैधव्य का बोझ रखा जा रहा था, तो दूसरी तरफ़ अबोध जयाजी के कंधों पर महाराज जनकोजीराव द्वारा छोड़ी गई विरासत का भार रखा जाना था।

शाही बग़ीचे में विशाल चिता सजकर तैयार थी। चंदन की लकड़ियों से बनी विशाल चिता पर जब महाराज जनकोजीराव सिंधिया की पार्थिव देह रखी गई तो चारों ओर उनके अंतिम दर्शनों के लिए मौजूद प्रजाजनों के साथ ही महल परिवार के सदस्य विलाप कर उठे।

सरदार आँग्रे और मामा खासगीवाले ने राजपुरोहितों की मदद से नन्हे जयाजीराव के हाथों महाराज जनकोजीराव का अग्नि संस्कार कराया। जैसे ही उन्हें मुखाग्नि दी गई, भीड़ ने "महाराज सिंधिया अमर रहे" की घोष ध्वनि कई बार की।

नन्हे जयाजीराव की समझ में कुछ नहीं आ रहा था। वह यंत्रवत पुरोहितों के निर्देशों का पालन करते जा रहे थे। परंपरानुसार उनका मुंडन किया गया। नन्हे जयाजी ने जब महाराज जनकोजीराव को अंतिम प्रणाम किया तो उसकी आँखें भी सजल हो गईं। उन्हें लगा जैसे वे अनाथ हो गए हैं। महल के बुज़ुर्गों ने उन्हें सम्हाला और फिर शाही पालकी में बैठाकर वापस महल ले गए।

युवराज जयाजीराव अचानक बड़े हो गए थे। महल के हरेक सदस्य का व्यवहार अचानक बदल गया था। छोटे से लेकर बड़ा सदस्य उनके प्रति अदब से झुक जाता था।

पूरी रात महल सिसकियों में डूबा रहा। सब लोग लगभग मौन थे। विधवा महारानी को सम्हालना सबसे कठिन काम था। महारानी का श्रृंगार हरण कर लिया गया था। उन्हें धवल साड़ी पहना दी गई थी, माँग का सिंदूर और माथे की बिंदिया पोंछ दी गई थी। वे पहचान में नहीं आ रही थीं। ऐसे लग रहा था जैसे शरद पूर्णिमा के चन्द्रमा को काली घटाओं ने घेर लिया हो।

महल में दस दिनों तक महाराज जनकोजीराव की आत्मा की शांति के लिए कर्मकांड चलते रहे। इस बीच जब-जब जयाजीराव

की नज़रें विधवा महारानी की सूनी नज़रों से टकरातीं तो वे अंदर तक हिल जाते। आख़िरकार वे माँ साहिब थीं जयाजीराव की।

महल में राज-परिवार के सदस्यों, रिश्तेदारों का आना-जाना लगातार जारी था। महल की आंतरिक व्यवस्थाएँ पूर्ववत चल रहीं थीं, लेकिन महल के बाहर और भीतर साज़िशों का दौर शुरू हो गया था।

इधर एक समारोह में जयाजीराव सिंधिया का राजतिलक हुआ और वे महाराज घोषित किए गए, उधर महल के बाहर नए शासक के भविष्य को लेकर चुनौतियों का जाल बुना जाने लगा।

***

महल में शोक की परतें धीरे-धीरे गिरने लगी थीं। अँग्रेज़ों ने अपने नियमों के अनुसार राजमाता ताराबाई को रीजेंट और दादा खासगीवाले को राज्य का दीवान नियुक्त कर दिया था।

राजमाता ताराबाई ने एक शाम दीवान दादा खासगीवाले और सरदार आँग्रे के साथ लंबी बैठक कर राजकाज को व्यवस्थित करने की रणनीति बनाई। नए महाराज जयाजीराव सिंधिया इस विमर्श में मूकदर्शक की तरह मौजूद थे।

"दादा साहब! अब आगे रियासत का कामकाज कैसे चलाना है?" राजमाता ताराबाई ने प्रश्न करके मौन तोड़ा।

"आप फ़िक्र न करें, सब कुछ पहले जैसा ही चलेगा।" दीवान दादा खासगीवाले ने आश्वस्त करते हुए कहा।

"लेकिन हमने सुना है कि कुछ देशद्रोही गवर्नर एलनबरो से मिलकर रियासत में गड़बड़ी फैलाना चाहते हैं।" राजमाता ने सशंकित होकर पूछा।

"जी! आपकी सूचनाएँ पुख्ता हैं।" अबकी सरदार आँग्रे ने उत्तर दिया।

"फिर..?"

"चिंता की कोई बात नहीं है राजमाता! दादा खासगीवाले और मेरे रहते इस रियासत का कोई कुछ नहीं बिगड़ सकता।" सरदार आँग्रे के स्वर में दृढ़ता थी। इन दोनों के अलावा महल में कोई तीसरा था भी नहीं जिस पर भरोसा किया जाता। बैठक समाप्त हो गई।

महल में हुई इस मंत्रणा की ख़बर गुप्त न रह सकी। अँग्रेज़ों के जासूसों ने बैठक का तमाम ब्योरा गवर्नर ऐलनबरो तक पहुँचा दिया। एलेनबरो पहले से ही घायल शेर की तरह सिंधिया रियासत को हड़पने की योजनाएँ बनाए बैठा था, लेकिन उसे कामयाबी नहीं मिल पाई थी।

महाराज जनकोजीराव के निधन को अभी 9 महीने भी नहीं बीते थे कि गवर्नर ऐलनबरो और सिंधिया की फ़ौजें 26 दिसम्बर 1843 को महाराजपुरा-पनिहार के पास आपस में भिड़ गईं। अँग्रेज़ों ने जानबूझकर शाही फ़ौज को भिड़ने के लिए मजबूर किया था। जनरल ऐलनबरो को तो बहाना चाहिए था।

अप्रत्याशित और अघोषित इस युद्ध में शाही फ़ौज को भारी नुक़सान का सामना करना पड़ा। महाराज जयाजीराव ने तो पहली बार युद्ध का नाम सुना था। वे परेशान थे, राजमाता ताराबाई की चिंता अचानक बढ़ गई थी।

पराजित सिंधिया परिवार को अँग्रेज़ों के साथ सुलह के लिए विवश होना पड़ा। एक अवयस्क महाराज और राजमाता के नेतृत्व में सिंधिया की फ़ौजें समझौते की तमाम शर्ते मान बैठीं।

समझौते के बाद सिंधिया रियासत का तमाम प्रशासन 'काउंसिल ऑफ रीजेंसी' को सौंप दिया गया। यह रीजेंसी रीजेंट की सलाह से काम करती। इस युद्ध में दादा खासगीवाले को दीवान के पद से हटा दिया गया। उन्हें मजबूरी में आत्मसमर्पण करना पड़ा। दादा खासगीवाले को गिरफ्तार कर अँग्रेज़ों ने बनारस की जेल में बंद कर दिया।

इस युद्ध के बाद राजमाता ताराबाई का तो जैसे एक बाज़ू ही कट गया। वे नाम की राजमाता थीं और जयाजीराव नाम के महाराज। दोनों के हाथों में राजसत्ता तो थी ही नहीं। उस पर तो अँग्रेज़ कुंडली मारकर बैठे थे।

अँग्रेज़ों ने दादा खासगीवाले की बर्खास्तगी के बाद दीवान के पद पर दिनकर राव राजवाड़े को नियुक्त कर दिया। समय तेज़ी से बीत रहा था। दो साल कब और कैसे बीत गए, पता ही नहीं चला। इसी बीच 1845 की एक शाम बनारस की जेल में दादा खासगीवाले के

निधन की ख़बर आ गई। राजमाता ताराबाई और महाराज जयाजीराव सिंधिया उस रोज़ पूरी रात नहीं सो पाए।

"अब क्या होगा माँ साहिब?" महाराज जयाजीराव सिंधिया ने राजमाता ताराबाई से प्रश्न किया। दोनों के बीच उम्र का ज़्यादा फ़ासला न था, लेकिन राजपरिवार की मर्यादाओं ने इस अंतर को बहुत बड़ा कर दिया था।

"आप फ़िक्र न करें, कोई न कोई रास्ता निकल ही आएगा।" राजमाता ने महाराज जयाजीराव को ढाँढ़स बँधाया। जयाजीराव इस विषम स्थिति में बिठूर में बैठे पेशवा को अपना संरक्षक मानते थे। झाँसी को भी तब ग्वालियर के अधीन ही माना जाता था।

समय बीतने लगा। महाराज जयाजीराव की आँखों में अपने पूर्वज महाराज महादजी सिंधिया द्वारा देखे सपने पल रहे थे। महाराज जयाजीराव ने जान लिया था कि महाराज महादजी सिंधिया ने कैसे अँग्रेज़ों के दाँत खट्टे किए थे। महादजी का सपना भारत के तमाम राजे-रजवाड़ों को एक सूत्र में बाँधकर अँग्रेज़ों के विरुद्ध खड़ा करने का था, लेकिन मामा ने उनका साथ नहीं दिया।

समय बीतते देर नहीं लगती। समय पानी की तरह प्रवाहमान होता है। एक दशक में सिंधिया के महल में दुख के बादल छाए तो सुख की धूप भी खिली। अँग्रेज़ों की तमाम दख़लंदाज़ी के बावजूद सिंधिया का दरबार सजता रहा।

महाराज जयाजीराव सिंधिया के भीतर बैठा भागीरथ धीरे-धीरे ग़ायब हो रहा था। समय के साथ महाराज जयाजीराव का जो व्यक्तित्व निखरकर सामने आ रहा था, उसे देखकर दरबार के वे पुराने लोग बेहद आश्वसत थे जो दिवगंत महाराज जनकोजीराव द्वितीय के शासनकाल में काम कर चुके थे।

महाराज जनकोजीराव का व्यक्तित्व कृषकाय था। बीमारियों से घिरे रहने के कारण महाराज जनकोजीराव के व्यक्तित्व की आभा क्षीण हो गई थी। वहीं नए महाराज जैसे-जैसे व्यस्क होते जा रहे थे, वैसे-वैसे उनका शरीर आकर्षक होता जा रहा था। महल में और महल के बाहर उनके व्यक्तित्व की चर्चा होने लगी थी।

एक समय में महारानी बैजाबाई के समय काम कर चुके बापू रघुनाथ जी दिखे। यशवंत राव दामाड़े, यशवंतराव केरकर, लाल साहब भाऊ, फकीर जी गाड़वे, केदानाथ खड़के, माधवराव पंत, रामजी प्रयम्बक, लक्ष्मणराव बिट्ठल, मणिराम सेठ, दाजीवा पोतनीस, आत्माराम उर्फ बाबा साहब फड़के, रामराव फालके, कर्नल जैकब, कर्नल जान बेपिस्ट फिलोज, मेजर जोसफ अलेक्जेंडर और बालाजी सिद्धेश्वर के युग की समाप्ति हो रही थी।

महाराज जयाजीराव सिंधिया ने सुन रखा था कि राजमाता बैजाबाई और उनके सहायक अँग्रेज़ों के न सिर्फ़ विरोधी थे बल्कि उनसे टकराने का हौसला भी रखते थे। बैजाबाई अँग्रेज़ों के खिलाफ़ हथियार उठाने के लिए भी उतावली रहती थीं। उन्होंने रियासत की सेना को मज़बूत करने के लिए सरदार कोठोजी को सेनानायक नियुक्त किया था।

“लेकिन ऐसा दुस्साहस राजमाता ताराबाई तो नहीं कर सकतीं”- महाराज जयाजीराव ने मन ही मन सोचा। सिंधिया खानदान का दुर्भाग्य ये था कि राजमाता बैजाबाई अपने बेटे महाराज जनकोजीराव के निधन के बाद सत्ता सूत्रों से बहुत दूर थीं।

“अब कैसे आगे बढ़ना है राजमाता?” उदास बैठे महाराज जयाजीराव ने ताराबाई से सलाह माँगी।

ताराबाई की उम्र महाराज जयाजीराव से कोई चार-पाँच साल ही अधिक थी। अब वे लगभग 25 वर्ष की हो चलीं थीं। लेकिन

जो दिन उनके सुख से बीतने के थे वे वैधव्य की काली छाया का शिकार हो चुके थे।

"राजवाड़े से बात कीजिए।" राजमाता ने संक्षिप्त-सा उत्तर दिया।

"लेकिन वे तो महल के कम अँग्रेज़ों के ज़्यादा वफ़ादार हैं।" महाराज ने प्रतिप्रश्न किया। राजमाता ने कोई उत्तर नहीं दिया। वे अपना पंखा झलती रहीं।

राजमाता को पता था कि मामा खासगीवाले को हटाकर दीवान बने दिनकर राव राजवाड़े की वजह से ही सिंधिया रियासत की सैन्य शक्ति कमज़ोर पड़ गई है। महाराजपुरा युद्ध में अँग्रेज़ों की जीत के बाद महल की फ़ौज की संख्या घटाकर दस हज़ार कर दी गई थी।

"आप कुछ तो रास्ता बताइए।" महाराज ने एक बार फिर राजमाता की ओर सवाल उछाला।

"आपको पता ही है महाराज कि आपके अधिकार इन फिरंगियों ने कितने सीमित कर दिए हैं। अब फ़ौज भी पहले जितनी नहीं रही। हमारे पास केवल छह हज़ार घुड़सवार, तीन हज़ार पैदल सैनिक, और 32 तोपें रह गई हैं। इनके बूते हम अब अँग्रेज़ों से नहीं टकरा सकते।"

"हूँ..." महाराज ने संक्षिप्त-सी हुंकार भरी। वे चिंतातुर इधर से उधर टहल रहे थे। उनके मन में अँग्रेज़ों के खिलाफ़ विद्रोह की ज्वाला धधक रही थी, लेकिन कोई रास्ता नहीं सूझ रहा था।

भविष्य को लेकर आशंकित महाराज जयाजीराव सिंधिया 21 साल के हो गए थे। 1855 में अंचल के अनेक विद्रोही उनसे गुपचुप मिल चुके थे। महाराज ने साहस कर उज्जैन में बलवंत माधव क्षीर सागर को शाही सेना का पृथक सर्वेसर्वा बना दिया था।

***

समय तेज़ी से बदल रहा था। ग्वालियर के आसपास राधौगढ़, श्योपुर, और बड़ौदा जैसी छोटी रियासतों को महाराज जयाजीराव सिंधिया पर यक़ीन नहीं था, हालाँकि ये सब सिंधिया के ही अधीन थे। महाराज को इस असंतोष की भनक थी।

उन्होंने सरदार शितोले को विमर्श के लिए बुलाया। महाराज जयाजीराव एक साथ दो मोर्चों पर नहीं लड़ना चाहते थे, लेकिन सरदार शितोले ने उन्हें अलग ही सलाह दी।

"महाराज! यदि छोटी रियासतों को क़ाबू में न किया गया तो कठिनाई और बढ़ जाएगी।"

"तो क्या हम उन पर चढ़ाई कर दें?"

"हां, महाराज! यही करना होगा, हमें इस काम के लिए बापू साहब आबादे को ज़िम्मेदारी देनी होगी।" शितोले ने आत्मविश्वास के साथ कहा। "ठीक है... जैसा आप कहते हैं, वही सही।" महाराज ने सहमति जताई।

सिंधिया की सेनाओं ने बापू साहब की अगुवाई में विद्रोही छोटी रियासतों के प्रमुखों को या तो समर्पण के लिए विवश कर दिया या फिर उन्हें गिरफ्तार कर लिया। नरवर, श्योपुर, पाठौन और जौरा की रियासतों में तैनात अँग्रेज़ों को चिह्नित कर उन्हें द्रोही मान लिया गया।

युवा होते महाराज जयाजीराव सिंधिया के लिए भविष्य का रास्ता आसान नहीं था। पर्दे के पीछे से अँग्रेज़ लगातार सिंधिया को कमज़ोर करने में लगे थे। उन्हें आशंका थी कि जयाजीराव कहीं महादजी सिंधिया के नाम पर बाग़ियों को एकजुट करके अँग्रेज़ों के लिए चुनौती न बन जाएँ।

महाराज जयाजीराव सिंधिया ने राजकाज चलाने के लिए अपना दरबार नए सिरे से सजा लिया था। उन्होंने शहंशाह अकबर की

तरह अपने दरबार में नवरत्नों को शामिल किया था। उनके नवरत्नों में श्रीमंत बलवंत राव शिंदे, श्रीमंत राणोजीराव (द्वितीय) उर्फ काका साहब राज परिवार के ही सदस्य थे। काका साहब को सर सिलहदार बनाया गया था।

नए दरबारियों में बापू साहब, ऊदाजीराव खड़गे, सरदार रामराव उर्फ बाबा साहब फालके, दीवान सरदार गणपतराव खड़गे, सरदार सम्भाजी आँग्रे, सरदार जसवंतराव घोरपड़े और सरदार कृष्णराव कदम शामिल थे।

अप्रैल का महीना था। वातावरण में तपिश बढ़ चुकी थी। महाराज जयाजीराव सिंधिया अपने नवरत्नों के साथ विमर्श के लिए बैठे थे। उन्होंने सबसे पहले दीवान दिनकर राव राजवाड़े की ओर मुख़ातिब होकर कहा, “आपको पता ही है कि अँग्रेज़ों ने झाँसी में क्या किया है? झाँसी की रानी क़िला छोड़कर बाग़ी हो चुकी हैं, ओरछा और दतिया की फ़ौजें उनका मुक़ाबला नहीं कर सकीं, ऐसे में हमें क्या करना चाहिए?”

राजवाड़े कुछ नहीं बोले।

“आप बताइए श्रीमंत भैया साहब।”

“जैसा आपका हुकुम हो महाराज!”

“आप क्या कहते हैं काका साहब?”

“हमें इस मौक़े का फ़ायदा उठाकर अँग्रेज़ों से अपने अपमान का बदला लेना चाहिए।”

“हूँ!”

“बापू साहब आपकी क्या राय है?” महाराज बापू साहब की ओर मुख़ातिब हुए।

“जी, काका साहब की सलाह मुझे ठीक लगती है।”

"और खड़गे साहब आप क्यों चुप हैं? बारी ऊदाजीराव खड़गे की थी। वे मुस्कराकर रह गए। नवरत्नों में शामिल बाबा साहब फालके, गणपतराव खड़गे, जसवंत राव घोरपड़े और जसंवत राव कदम ने कोई स्पष्ट राय नहीं दी लेकिन जब सरदार सम्भाजी राव आँग्रे की बारी आई तो, उनकी राय सुनकर सब असमंजस में पड़ गए।

"महाराज! हमें वक़्त की नज़ाक़त समझनी चाहिए, यही मौक़ा है जब हम अँग्रेज़ों से महाराजपुरा में हुए अपने अपमान का बदला ले सकते हैं।"

"आपका मलतब हम भी अँग्रेज़ों से भिड़ जाएँ?"

"और क्या महाराज! अँग्रेज़ों ने हमारे साथ हमेशा छल किया। मामा खासगीवाले को गिरफ्तार कर जेल में मार डाला। हमारी सेना कम कर दी, वे हमारे कामकाज में भी बेजा दख़लंदाज़ी करते रहते हैं।"आँग्रे साहब का चेहरा तमतमा रहा था।

"आप ग़ुस्से में हैं, ठंडे दिमाग़ से सोचकर बताइए।" दीवान दिनकर राव राजवाड़े ने हस्तक्षेप किया। महाराज मौन थे, वे सरदार सम्भाजीराव का चेहरा पढ़ रहे थे। यही आँग्रे थे जो उन्हें कंचे खेलते हुए देख महल में लेकर आए थे सिंधिया वंश का नया सूरज उगाने के लिए।

दीवान दिनकर राव राजवाड़े को महाराज का मौन अच्छा नहीं लगा, लेकिन वे कुछ कहने का साहस नहीं कर पाए, क्योंकि उन्हें महसूस हो गया था कि बहुमत उनके पास में नहीं है। दरबार स्वलपाहार के बाद बिना किसी फ़ैसले के समाप्त हो गया।

महाराज उठ खड़े हुए। सारे सरदारों ने महाराज को कोर्निश की, वे आधा झुककर कोर्निश करते थे। महाराज अपना दायाँ हाथ हवा में लहराकर दरबार से बाहर निकल गए।

जयाजीराव सिंधिया बड़े पसोपेश में थे। एक तरफ़ उनके मन में झाँसी की रानी के साथ अँग्रेज़ों द्वारा किए गए अन्याय को लेकर ग़ुस्सा था, तो दूसरी तरफ़ अँग्रेज़ों से पूर्व में हुई संधियों के कारण अपने हाथ बँधे होने का अफ़सोस भी।

"रानी को अँग्रेज़ों से सीधे टकराने के बजाय ग्वालियर की राजमाता बैजाबाई की तरह हिकमत अमली से काम लेना चाहिए था।" जयाजीराव ने मन ही मन कहा। "रानी को अपनी ताक़त का आकलन तो करना ही था, अब क़िले से बाहर निकलकर वे कैसे अँग्रेज़ों से पार पा सकेंगी?"

जयाजीराव के मन में सवालों का तूफ़ान था, लेकिन इन सवालों का कोई जवाब उनके पास नहीं था। वे समझ नहीं पा रहे थे कि आख़िर झाँसी की रानी की बग़ावत का अंत क्या होगा।

रानी झाँसी अँग्रेज़ों से लड़ते हुए कभी ग्वालियर रियासत की ओर भी रुख़ करेंगी, ऐसा तो जयाजीराव ने सपने में सोचा तक नहीं था, किन्तु जो ख़बरें मिल रही थीं, उनसे उन्हें अनिष्ट की आशंका साफ़ नज़र आने लगी थी।

अगले दिन दीवान दिनकर राव राजवाड़े ने ख़बर दी।

"महाराज! झाँसी की रानी कालपी में भी शिकस्त के बाद आगे बढ़ रही हैं। घोड़ों पर सवार सेना के साथ अँग्रेज़ी फ़ौज से जूझना आसान तो नहीं है।"

"अरे!" महाराज जयाजीराव के माथे पर चिंता की लकीरें उभर गईं।

"अगर रानी साहिबा लड़ते हुए हमारी रियासत आ पहुँचीं तो हमें क्या करना चाहिए?" महाराज ने दीवान राजवाड़े की ओर प्रश्न उछाला।

"आप क्या चाहते हैं महाराज!" राव ने उत्तर देने के बजाय प्रतिप्रश्न किया।

"हम रानी के दुश्मन नहीं हैं, हम उनका बुरा क्यों चाहेंगे? रानी की अदावत अँग्रेज़ों से है..."

महाराज ने अपनी बात अधूरी छोड़ दी।

"ये तो सच है महाराज! पर आप रानी साहिबा की मदद कैसे कर सकते हैं? उन्होंने यदि ग्वालियर रियासत में घुसकर अँग्रेज़ों पर हमला बोला तो आपको उनकी रक्षा करना ही पड़ेगी।" दीवान दिनकर राव ने समाधान दिया।

इस चर्चा का कोई अंत नज़र नहीं आ रहा था। महाराज ने विषय को टालते हुए कहा, "हम इस मुद्दे पर फिर बात करेंगे, अभी आप जा सकते हैं।"

दीवान दिनकर राव राजवाड़े, महाराज को प्रणाम कर बिना कुछ कहे उनके कक्ष से बाहर निकल आए। राजवाड़े झाँसी की रानी के प्रति महाराज जयाजीराव के मन में उदारता से वाक़िफ़ थे। उन्हें लगा कि यदि महाराज रानी के पक्ष में खड़े हो गए तो अँग्रेज़ों के साथ उनकी खामखा दुश्मनी हो जाएगी। दीवान दिनकर राव बेचैन उठे। एक तरफ़ कुआँ था तो दूसरी तरफ़ खाई।

महाराजपुरा में अँग्रेज़ों से हार के बाद हुई संधि गले की फाँस बन गई थी। संधि के अनुसार सिंधिया की फ़ौज ज़रूरत पड़ने पर न सिर्फ़ अँग्रेज़ों के पक्ष में खड़ी होगी बल्कि मिलकर लड़ेगी भी।

रानी झाँसी की मदद के मुद्दे पर सिंधिया दरबार के नवरत्न दो धड़ों में बँट गए थे। लेकिन खुलकर कोई नहीं बोल रहा था। महाराज को महाराज बनाने वाले सरदार संभाजी आँग्रे भी मौन साध गए थे। तलवार दीवान दिनकर राव राजवाड़े के ऊपर लटक रही थी।

दिनकर राव की रातों की नींद और दिन का चैन हराम था। वे न अँग्रेज़ों के बुरे बनना चाहते थे और न महाराज के। दीवान राजवाड़े चाहते थे कि साँप भी मर जाए और लाठी भी न टूटे। पर ये आसान काम नहीं था। अँग्रेज़ों को भी कम करके नहीं आँका जा सकता था। राव ने मन ही मन एक आपात योजना बनाकर रख ली।

ग्वालियर की सिंधिया रियासत भी झाँसी की तरह उत्तराधिकार के सवाल पर दो बार अँग्रेज़ों का कोपभाजन होने से बची थी। इसकी वजह शायद ये थी कि ग्वालियर की रियासत का आकार बड़ा था और सिंधिया की सैन्य शक्ति झाँसी के मुक़ाबले कई गुना अधिक थी।

अँग्रेज़ों ने महाराज दौलतराव और महाराज जनकोजीराव के उत्तराधिकार संकट के समय हिकमत अमली से काम लिया था। दोनों ही महाराजाओं को अँग्रेज़ों ने उत्तराधिकारी गोद लेने की न सिर्फ़ सहूलियत दी थी, बल्कि उत्तराधिकारियों की ग़ैर मौजूदगी में रानियों को ही रीजेंट बनाकर प्रशासन करने की छूट भी दी थी। झाँसी के साथ यह सब नहीं हो सका।

सिंधिया राजवंश में उत्तराधिकारी की समस्या बड़ी पुरानी थी। राजवंश के संस्थापक राणोजी शिंदे से लेकर जनकोजीराव तक यह समस्या लगातार बनी रही, लेकिन सिंधिया शासकों ने अपने रणकौशल से अँग्रेज़ों को कभी अपने ऊपर हावी नहीं होने दिया था। सिंधिया ने कभी अँग्रेज़ों से दोस्ती भी की, लेकिन अब यही दोस्ती सिंधिया परिवार के लिए उलझन का सबब बन गई थी।

महाराज जयाजीराव सिंधिया अपने कक्ष में नितांत अकेले थे। वे बचपन के अपने प्रिय कंचों को ज़मीन पर बिखेरकर उन पर निशाना साध रहे थे। कंचों के खेल में कोई भी उन्हें नहीं हरा पाया था। उनका निशाना हमेशा अचूक रहता था, पर आज सियासत के कंचे उनके हाथ से फिसलकर इधर-उधर गिर रहे थे। वे एक के बाद एक

निशाना साधते लेकिन उनका हर निशाना या तो ग़लत पड़ रहा था या फिर चूक जाता था।

महाराज ने खीजकर सारे कंचे बटोरकर खिड़की के बाहर फेंक दिए। कंचे तो फेंके जा सकते थे किंतु राज्य पर मंडरा रहे संकट को तो खिड़की के बाहर नहीं फेंका जा सकता था।

पिछले कुछ दिनों से महाराज जयाजीराव की मनोदशा देख उनके परिजन भी चिंतित थे। दरबारी महाराज का मन पढ़ नहीं पा रहे थे। महाराज न ढंग से खा-पी रहे थे और न ही ढंग से सो रहे थे। किसी ने भी उन्हें इतना चिंतित पहले कभी नहीं देखा था।

कहने को अब महल में महाराज अकेले नहीं थे। उनकी बात सुनने के लिए राजमाता ताराबाई के अलावा महारानी चिमन राजे और लक्ष्मीबाई राजे भी मौजूद थीं। महाराज के लिए दीवान दिनकर राव राजवाड़े के अलावा दूसरा कोई बुज़ुर्ग काम का था ही नहीं।

***

ग्वालियर की गर्मियाँ हमेशा से ही परेशान करने वाली होती आई हैं। गर्मी न राजा देखती है और न रंक, सबका पसीना निकाल देती है। गर्मियों में ग्वालियर में तैनात ज़्यादातर अँग्रेज़ अफ़सर भाग खड़े होते थे।

स्नान-ध्यान से निवृत्त हो महाराज महल में बने पूजा घर में किसी वीतरागी की तरह बैठे थे। महाराज बड़े मनोयोग से भगवान शिव का अभिषेक करते और स्वयं अपने मस्तक पर सुगंधित चंदन का त्रिपुण्ड धारण करते थे। उनका मन भी भगवान शिव की तरह भोला था। लेकिन दीवान दिनकर राव राजवाड़े में उन्हें हमेशा चाणक्य बैठा दिखाई देता था।

अँग्रेज़ों से महाराजपुरा का युद्ध हारने के सात साल बाद अँग्रेज़ों ने दिनकर राव राजवाड़े को ग्वालियर का दीवान नियुक्त किया था। उस समय महाराज जयाजीराव मात्र 17 साल के थे। उनके और दीवान दिनकर राव के बीच उम्र का अच्छा-ख़ासा अंतर था। राव साहब महाराज जयाजीराव से पंद्रह साल बड़े थे।

बॉम्बे रेसीडेंसी के अंतर्गत रत्नगिरि ज़िले के राजा शगोण की पहली पत्नी के पुत्र राजा दिनकर राव रजवाड़े चितपावन ब्राह्मण थे। राव साहब अपनी मातृभाषा मराठी के अलावा संस्कृत और फ़ारसी भाषा के भी जानकार थे।

धार्मिक शिक्षा में उन्हें विशेषज्ञ माना जाता था। वे कट्टर हिन्दू थे। वे पूजा-पाठ में कभी कोई कोताही नहीं बरतते थे। उन्हें हिन्दुस्तानी संगीत और आयुर्वेद में बड़ी दिलचस्पी थी।

दीवान दिनकर राव राजवाड़े का यही बहुआयामी व्यक्तित्व उन्हें सबसे अलग बनाता था। ग्वालियर का दीवान बनने से पहले वे तारा नगर के दीवान के रूप में अपनी क्षमताओं का प्रदर्शन कर चुके थे।

ग्वालियर का कामकाज सम्हालते ही उन्होंने रियासत की ख़राब आर्थिक दशा को सुधारने के लिए एक ओर मुलाजिमों के वेतन में कटौती की तो दूसरी ओर निर्माण कार्यों को गति दी। उन्होंने अपना ख़ुद का वेतन कम कर लिया था। 1844 के युद्ध के बाद ग्वालियर रियासत की अर्थव्यवस्था के साथ ही आंतरिक व्यवस्थाएँ अराजक हो गई थीं।

महाराज जयाजीराव ने दीवान दिनकर राव राजवाड़े की क्षमताओं को अपनी आँखों से देखा था, लेकिन उन्हें अँग्रेज़ों ने अभी तक विधिक रूप से महाराज नहीं माना था, इसलिए राजकाज में सारा दख़ल दीवान दिनकर राव का ही था। राव साहब की निष्ठा अँग्रेज़ों के प्रति कभी भी रत्ती भर नहीं डगमगाई थी, इसलिए महाराज उनसे भी मन की बात नहीं कह पाते थे।

महाराज के मन में अँग्रेज़ों के प्रति खटास शुरू से थी। जैसे-जैसे उनकी उम्र बढ़ रही थी, सिंधिया ख़ानदान के प्रति उनकी जानकारी भी बढ़ रही थी। उन्होंने ख़ाली समय में अपने पूर्वजों के बारे में अधिक से अधिक जान लिया था। उनके आदर्श सिंधिया वंश के संस्थापक महादजी सिंधिया थे।

जयाजीराव सिंधिया का युवा मन धार्मिक रूप से सहिष्णु था, वे मुसलमानों के तीज-त्योहारों में भी दिलचस्पी लेने लगे थे। मुस्लिम धर्मगुरु संत मंसूर शाह बाबा के लिए उनके मन में अपार सम्मान था।

महाराज ने कुलदेव ज्योति (भगवान शिव) के चरणों में अपना शीश नवाया और कुलदेवी तुलजा भवानी, काली तथा महागौरी का स्मरण किया, वंश के चिह्न ध्वज पर विराजे सर्प को प्रणाम किया और पूजा घर के बाहर निकल आए। अपने अतीत का स्मरण उन्हें रोमांचित कर देता था।

पूजा घर के बाहर राजमाता ताराबाई खड़ी थीं। महाराज ने पूरी श्रद्धा से उन्हें प्रणाम किया। बोले, "आप?"

"हाँ! मैं आपको कई दिन से पूजा-पाठ में कुछ ज़्यादा ही मग्न होते देख रही हूँ, क्या बात है?"

"नहीं...नहीं...ऐसी कोई बात नहीं है माँ साहब!"

"आप मुझसे कुछ छिपा रहे हैं, खुलकर बताइए न?"

"कोई ख़ास बात नहीं माँ साहब, मुझे झाँसी की घटनाओं को लेकर फ़िक्र होती है। अँग्रेज़ झाँसी में रानी लक्ष्मीबाई के साथ ठीक नहीं कर रहे।"

राजमाता ने कोई उत्तर नहीं दिया। उनकी आँखों में विस्मय ज़रूर था।

"क्या ग्वालियर की तरह अँग्रेज़ रानी झाँसी को अपना उत्तराधिकारी गोद लेने का हक़ नहीं दे सकते?" महाराज ने जिज्ञासा प्रकट की।

"ले तो लिया है, कोई बच्चा गोद!" राजमाता बोलीं।

"लेकिन अँग्रेज़ उसे मान्यता कहाँ दे रहे हैं, वे तो झाँसी हड़पना चाहते हैं।"

महाराज ने अपना रोष प्रकट किया। राजमाता इस प्रश्न को फिर टाल गईं। "अच्छा आप चलिए, भोजन कीजिए, इस बारे में बैठकर फिर कभी बात करेंगे।" राजमाता ज्योति को प्रणाम कर मंदिर के बाहर निकल गईं। महाराज उन्हें जाते हुए देखते रहे। उन्होंने एक पल के लिए रानी झाँसी के स्थान पर राजमाता को खड़ा देखा तो वे सिहर उठे।

***

जैसे-जैसे गर्मियाँ बढ़ रही थीं, वैसे-वैसे महल में झाँसी की गतिविधियों की चर्चा भी तेज़ होने लगी थी। महल के बाहर प्रजाजनों में भी झाँसी में हो रही उठा-पटक को लेकर अफ़वाहों का बाज़ार गर्म था।

झाँसी से ग्वालियर तक ख़बरें आने में दो-चार दिन तो लग ही जाते थे। आवागमन के साधन धीमी गति के थे। लोग पैदल, बैलगाड़ी, घोड़े का इस्तेमाल आमतौर पर करते थे। रियासत का अपना सूचना तंत्र था, और महाराज का अपना समानांतर सूचना तंत्र। ख़बरें कई स्तरों से छनकर महाराज तक पहुँचती थीं।

कंपनी सरकार ने 1844 में सिंधिया की सेना और अँग्रेज़ी फ़ौजों के बीच हुए टकराव के बाद हालाँकि संधि कर ली थी, लेकिन सिंधिया से बहुत कुछ छीन भी लिया था- सिवाय हिज हायनेस आलीजाह हिसाम उल सल्तनत, मुख़्तार उर मुल्क मंसूर-ए-ज़मान और महाराज सिंधिया ऑफ़ ग्वालियर के ख़िताबों के। लेकिन अँग्रेज़ बड़े कूटनीतिज्ञ थे। उन्होंने समय-समय पर महाराज के ख़िताबों में अज़ीम उल उक्तिदार, रफ़ी-ए-शान जैसे नए ख़िताब भी जोड़ दिए थे।

इस बार झाँसी से बहुत बुरी ख़बर आई। महाराज जयाजीराव का मन उद्विग्न था। उन्हें बताया गया कि जनरल ह्यूरोज ने रानी लक्ष्मीबाई की बग़ावत से क्षुब्ध होकर झाँसी में क़त्लेआम मचा दिया है। अँग्रेज़ी फ़ौजें बच्चों को छोड़ सभी महिलाओं और पुरुषों को गाजर-मूली की तरह काट रही हैं।

महाराज की आँखों में झाँसी का ग़दर और उससे जुड़ी घटनाएँ चलचित्र की तरह उभरने लगीं। वे देख पा रहे थे कि अँग्रेज़ कितनी निर्ममता से अवाम की हत्या कर लूटपाट और आगज़नी कर रहे हैं। अँग्रेज़ों ने कितने लोगों की हत्या की इसकी कोई गिनती नहीं थी।

रानी लक्ष्मीबाई अपने बाग़ी साथियों के साथ मुक़ाबला करने में नाकाम नज़र आ रही थीं। महाराज के कानों में झाँसी के नरसंहार की कातर चीखें सुनाई देने लगीं। अँग्रेज़ों ने कोई 4,500 झाँसी वालों को मार डाला था। अँग्रेज़ों के भी एक सैकड़ा जवान मारे गए और ढाई सौ के आसपास घायल हो गए। इस नुक़सान के बाद भी उन्होंने झाँसी को क़ाबू में कर लिया।

"रानी का क्या हुआ?" महाराज ने अपने ख़बरची से पूछा।

"महाराज! रानी साहिबा अपने अंगरक्षकों और सेना की एक टुकड़ी के साथ क़िले से बाहर निकलने में कामयाब रहीं।"

"वे अब कहाँ हैं, कैसी हैं?"

"महाराज! शायद वे कालपी की ओर कूच कर गई हैं। झाँसी में उनकी फ़ौज अभी भी अँग्रेज़ों से जूझ रही है।" ख़बरची ने अपुष्ट ख़बर सुनाई।

महाराज ने इशारे से ख़बरची को जाने के लिए कहा। वे बेचैन थे। उन्होंने महाराजपुरा में अँग्रेज़ों की नृशंसता देखी थी। वे भीतर ही भीतर सिहर उठे। वे झाँसी की रानी की भावी योजना जानने के लिए बेचैन थे। उन्होंने इस बारे में दीवान दिनकर राव राजवाड़े से विमर्श का फ़ैसला किया।

***

मई का महीना शुरू हो चुका था। ग्वालियर में दिन और रातें अप्रत्याशित रूप से गर्म होने लगी थीं। सूरज दिनभर इतनी आग बरसाता था कि सारी रात चंद्रमा उसे ठंडा नहीं कर पाता था, और अगली सुबह से फिर आग बरसने लगती थी।

"महाराज! दीवान जी आ चुके हैं।" सेवक ने आकर ख़बर दी।

"उन्हें बैठाइए, हम आते हैं।"

"जो आज्ञा।"

अनुचर कोर्निश कर उल्टे पाँव लौट गया। कुछ ही समय बाद महाराज जयाजीराव सिंधिया ने मंत्रणा कक्ष में प्रवेश किया। महाराज को आता देख दीवान दिनकर राव राजवाड़े ने उठकर कोर्निश की। राव साहब हालाँकि महाराज से उम्र में कोई पंद्रह-सोलह साल बड़े थे, लेकिन थे तो उनके दरबारी। परंपराओं का पालन तो सबको करना ही पड़ता है।

मंत्रणा कक्ष में सन्नाटा था। महाराज ने राव साहब को बैठने का इशारा किया और ख़ुद अपने आसन पर जा बैठे।

"राजवाड़े साहब! ये झाँसी में क्या हो रहा है?"

"जी!"

"क्या ख़बर है झाँसी की?" महाराज ने अपना प्रश्न दोहराया।

"जी महाराज ख़बर अच्छी नहीं हैं, झाँसी में रानी लक्ष्मीबाई ने बग़ावत कर दी है, सुना है वहाँ अँग्रेज़ों से संघर्ष में हज़ारों लोग मारे गए हैं, पूरी झाँसी तबाह हो गई है।"

राव साहब ने एक साँस में पहली जानकारी दी। वे महाराज जयाजीराव के चेहरे को पढ़ने की कोशिश कर रहे थे।

"ये तो अच्छा नहीं हुआ..."

"जी महाराज!"

"अब रानी कहाँ हैं?"

"कोई पक्की ख़बर नहीं है महाराज! वे कालपी गई हैं कि बांदा, हाँ इतना ज़रूर पता चला है कि तात्या टोपे उनकी मदद के लिए उनके साथ हैं।"

"ग्वालियर को अब क्या करना चाहिए?"

"सतर्क रहना पड़ेगा।"

"मतलब!"

"महाराज! मुमकिन है रानी अँग्रेज़ों से लड़ते हुए ग्वालियर की तरफ़ मदद के लिए हाथ बढ़ाएँ।"

दिनकर राव राजवाड़े इतना कहकर ख़ामोश हो गए। महाराज के मन में सैकड़ों सवाल उमड़-घुमड़ रहे थे। वे चिंता में अपने आसन से उठकर इधर-उधर टहलने लगे। मंत्रणा कक्ष में महाराज की पदचाप और गले में पड़ी मालाओं की टकराहट से पैदा होने वाली आवाज़ के अलावा दिनकर राव की गर्म साँसों की आवाजाही ही सुनी जा सकती थी।

"मेरे लिए क्या आज्ञा है?" दीवान दिनकर राव ने चुप्पी तोड़ी।

महाराज ने दीवान को घूरा, बोले, "आप अब अगले कुछ दिनों तक कहीं मत जाइए, झाँसी पर नज़र रखिए और वहाँ की हर छोटी-बड़ी ख़बर की इत्तला मुझ तक पहुँचाते रहिए।"

महाराज के स्वर में आग्रह और आदेश दोनों की ध्वनि थी।

"जैसा आपका हुकुम।" दीवान ने सधा-सा उत्तर दिया, और जाने की इजाज़त माँग ली। महाराज बिना कुछ बोले मंत्रणा कक्ष से बाहर निकलकर अपने कक्ष की ओर बढ़ गए।

महाराज के जाते ही दीवान दिनकर राव राजवाड़े भी बाहर निकल आए। दीवान राजवाड़े को देख महल के कर्मचारी सतर्क हो गए। दीवान जी अपनी बग्घी में सवार होकर महल से बाहर निकल गए। बग्घी में जुते घोड़ों की टापों की आवाज़ कुछ देर तक गूँजती रही।

महाराज जयाजीराव सिंधिया की पहली पत्नी लक्ष्मीबाई से सिंधिया वंश को कोई उत्तराधिकारी नहीं मिला तो नई रानी बनकर चिमनबाई महल में आ गईं।

महाराज जयाजीराव नहीं चाहते थे कि उनके बाद शिंदेशाही को अपना उत्तराधिकारी कंचे खेलते बच्चों में से चुनना पड़े। वे अपना बच्चा चाहते थे। उन्हें फ़िक्र थी कि आज जो झाँसी में हो रहा है, वो सब आने वाले कल में ग्वालियर के साथ न हो। आख़िर अँग्रेज़ों का क्या भरोसा, उनकी नीयत कभी भी डाँवाडोल हो सकती है।

झाँसी में उठी विद्रोह की लपटें कम होने के बजाय फैलती जा रही थीं। बाँदा के नवाब के अलावा नाना साहब के भतीजे राव साहब ने भी रानी लक्ष्मीबाई को मदद देने का भरोसा दिला दिया था। तात्या टोपे पहले से रानी के साथ थे ही।

रानी लक्ष्मीबाई और उनकी फ़ौज ने 22 मई 1858 को अँग्रेज़ों पर एक बार फिर धावा बोलकर उनके छक्के छुड़ा दिए। झाँसी में अँग्रेज़ी फ़ौजों द्वारा किए गए नरसंहार से आहत रानी लक्ष्मीबाई घायल सिंहनी की तरह हो गई थीं।

झाँसी में ग़दर की ख़बरों से ग्वालियर की प्रजा भी अनजान नहीं थी। जनता की सहानुभूति रानी लक्ष्मीबाई के साथ थी। सिंधिया फ़ौज में भी झाँसी में हुए ग़दर को लेकर बेचैनी थी, लेकिन कोई कर भी क्या सकता था। ग्वालियर में अँग्रेज़ों की फ़ौज और सिंधिया की फ़ौज महाराजपुरा संधि से जुड़ी थी।

महाराज की स्मृतियों में 29 दिसम्बर 1843 का वह भयावह दिन अचानक उभर आया। कंपनी सरकार ने उस दिन जनरल सर ह्यूरोज की अगुवाई में एक दिन में दो मर्तबा हमला किया था। अँग्रेज़ों का मक़सद महाराज जयाजीराव को एक तरह से ख़ारिज करना था।

दीवान ख़ासगीवाले की देखरेख में उस सर्द सुबह को सिंधिया सेना की मराठा सेना की 14वीं बटालियन के एक हज़ार सैनिक 60 तोपों और 7 हज़ार पैदल सैनिकों के साथ अँग्रेज़ी फ़ौज से भिड़ गए थे।

मराठा सैनिकों का मुक़ाबला अँग्रेज़ी फ़ौज की 40वीं बटालियन के साथ ही 39वीं और 56वीं बटालियन से था। अँग्रेज़ी फ़ौज में घुड़सवार सैनिक भी थे। अँग्रेज़ी फ़ौजों ने मराठों को तीन तरफ़ से घेरकर हमला बोला था। मराठा सेना ने भी रात के समय अँग्रेज़ी फ़ौज पर औचक हमला बोलकर उनके होश उड़ा दिए थे। मराठा सेना ने ऐसी गोलाबारी की कि अँग्रेज़ी फ़ौज के हाथों के तोते उड़ गए।

घंटों चले इस घमासान में हालाँकि बाद में अँग्रेज़ी फ़ौज का पलड़ा भारी पड़ा। दोनों ओर से बड़ी संख्या में सैनिक हताहत हुए। मराठा सेना के तमाम जवान जान बचाकर निकल भी भागे फिर भी मराठों के कोई तीन-चार हज़ार सैनिक मारे गए। अँग्रेज़ों के भी कोई आठ सौ सैनिक मारे गए।

अँग्रेज़ी फ़ौज ने इस भीषण संग्राम के बाद पनिहार के पास बारह हज़ार सैनिकों को लेकर मराठा फ़ौजों के ठिकानों पर धावा बोल दिया। बाद में दोनों पक्षों के बीच एक संधि हुई, इसके तहत मराठा फ़ौज को भंग कर एक नई फ़ौज बनाकर ग्वालियर रियासत को दी गई। उसी समय एक अँग्रेज़ गवर्नर भी ग्वालियर दुर्ग में तैनात कर दिया गया था। अँग्रेज़ों ने इस युद्ध में शामिल अपने सैनिकों को 'ग्वालियर स्टार' के पदक से सम्मानित किया और विवश महाराज ये

सब देखते रहे। इस जंग में ब्रिटिश सेना के मेजर जनरल चर्चिल भी खेत रहे थे।

महाराज सोच रहे थे कि यदि 1843 में बात और आगे बढ़ती तो मुमकिन था कि ग़दर तभी शुरू हो जाता। लॉर्ड ऐनलबरो इस संहार की नींव में थे। अँग्रेज़ लगातार रियासत पर अपना दबाव बनाए हुए थे। अँग्रेज़ों ने एक साल बाद फिर एक क़रारनामा पेश करके मराठा फ़ौज की संख्या घटकार 9 हज़ार कर दी और अपने अफ़सरों की संख्या बढ़ा ली।

सिंधिया के मन में तूफ़ान उमड़ रहा था। वे 1843 के अपने अपमान का बदला अँग्रेज़ों से लेने को उतावले थे, लेकिन दीवान दिनकर राव राजवाड़े अड़ गए। उन्होंने महाराज जयाजीराव सिंधिया को अँग्रेज़ों से दोबारा टकराव के भयावह नतीजों का ऐसा ख़ाका खींचकर दिखाया कि महाराज सिहर उठे।

हालात बदल चुके थे। महल में अब महाराज जयाजीराव सिंधिया अकेले नहीं थे। उनके पीछे पत्नी थी, तीन साल का बच्चा बलवंत राव था, गणपत राव थे, महाराज कुमारी गुणवंती बाई राजे थीं। महाराज को सबकी चिंता थी। वे निपूत नहीं थे।

महाराज की उधेड़बुन समाप्त होने का नाम नहीं ले रही थी। वे जब ज़्यादा अशांत हुए तो उन्होंने मंसूर बाबा की शरण में जाने का विचार किया। महाराज गोरखी स्थित मंसूर बाबा के अस्ताने पर हालाँकि साल में एक बार उनके उर्स के मौक़े पर ही जाते थे लेकिन जब-जब वे अपने आपको असहाय अनुभव करते बाबा की शरण में पहुँच जाते थे।

अनमने महाराज जयाजीराव सिंधिया ने जैसे ही गोरखी जाने की इच्छा जताई, फ़ौरन तैयारियाँ शुरू हो गईं। नगर में रक्षकों को

सड़कों की सफ़ाई के निर्देश दिए गए। महल से देव घर गोरखी तक सुरक्षा व्यवस्था चौकस कर दी गई। राजपुरोहितों को इत्तला दे दी गई।

शाम के वक़्त महाराज हाथी पर सवार होकर गोरखी के लिए निकल पड़े। महाराज की शाही सवारी शहर के लोगों को प्रायः दशहरे पर ही देखने की मिलती थी, लेकिन ये मौक़ा अपवाद था। महाराज की एक झलक पाने के लिए रियाया अपने घरों की छतों और छज्जों से झाँक रही थी। सड़क किनारे किसी को खड़े होने की इजाज़त नहीं थी। महाराज जयाजीराव सिंधिया हाथी पर रखे चाँदी के हौदे में थे। वे रास्ते भर स्थितप्रज्ञ की तरह इधर-उधर देखते रहे। हाथी के आगे-पीछे घुड़सवार और पैदल रक्षकों के बावर्दी दस्ते थे। सड़क पर घोड़ों की टापें साफ़ सुनाई देती थीं। सड़क से दूर गलियों में खड़े अति उत्साही लोग महाराज की सवारी देखकर महाराज की जय हो, के नारे भी लगा देते थे, बुज़ुर्ग झुककर कोर्निश करते, महिलाएँ घूँघट की ओट से उन्हें ताकतीं।

देव घर पहुँचकर महाराज ने राज पुरोहितों के साथ मंसूर बाबा की पूजा-अर्चना की और देर तक उनकी मज़ार के सामने सफ़ेद रेशमी चादर ओढ़े बैठे रहे। उनके चेहरे पर अद्भुत शांति थी। नेत्र बंद थे। देव घर में सुई पटक सन्नाटा था। महाराज तब तक मौन बैठे रहे जब तक कि बाबा पर चढ़ाई गई पुष्प मालाओं में से कुछ फूल अपने आप उनकी शाल में आकर नहीं गिरे।

महाराज ने फूलों को उठाकर माथे से लगाया और शीश झुकाकर बाबा को प्रणाम कर उठ खड़े हुए। वे नंगे पैर थे। देव घर में मौजूद पुरोहितों का प्रणाम स्वीकार करते हुए वे धीरे-धीरे दरवाज़े तक आए। वहाँ सेवकों ने उन्हें पहनने को पादुकाएँ दीं। महाराज ने एक बार फिर घूमकर बाबा को प्रणाम किया और हाथी पर सवार होकर महल की ओर लौट गए।

पूरे शहर में महाराज के देव घर दर्शन करने की चर्चा थी। वे किस निमित्त वहाँ आए थे, किसी को पता नहीं था। महाराज के मन में चल रहे अंतर्द्वंद्व को केवल महाराज स्वयं जानते थे। महाराज के मन में कोलाहल था लेकिन बाहर सन्नाटा।

महाराज जयाजीराव सिंधिया जीवन के 23 बसंत देख चुके थे। एक शासक के रूप में सीमित अधिकार होने के बावजूद उन्हें पूरी रियासत की जानकारी थी। वे अपने दरबार की मदद से ज़रूरी फ़ैसले बेहिचक लेते थे, लेकिन जब कभी अँग्रेज़ों से जुड़ा कोई मुद्दा आता तो दीवान दिनकर राव राजवाड़े और मेजर चार्टर मेकपर्सन से परामर्श किए बिना वे कोई फ़ैसला नहीं करते थे। इस बार भी उन्होंने दोनों से खुलकर बात करने का फ़ैसला किया।

***

महल के ख़ास मंत्रणा कक्ष में बैठक की तैयारियाँ चल रही थीं। दीवान दिनकर राव और मेजर चार्टर मेकपर्सन के आने की प्रतीक्षा की जा रही थी। पूरा महल सतर्क था, क्योंकि दोनों आगंतुक रियासत के अतिविशिष्ट व्यक्ति थे।

सबसे पहले दीवान दिनकर राव राजवाड़े की सवारी महल परिसर में पहुँची। महाराज जयाजीराव सिंधिया के बाद राजवाड़े दूसरे व्यक्ति थे जिन्हें महल से सबसे ज़्यादा महत्व दिया जाता था। महाराज के निजी सहायकों ने दीवान दिनकर राव राजवाड़े की अगवानी की और उन्हें ससम्मान मंत्रणा कक्ष तक ले गए।

लगभग चालीस साल के दीवान दिनकर राव छरहरे बदन के थे। सिर पर चितपावन ब्राह्मणों वाली पगड़ी और माथे पर गोल लाल रंग की बिंदी उनके व्यक्तित्व को और ओज प्रदान करती थी। वे प्रायः पैरों तक झूलने वाला अंगरखा पहनते थे। चेहरे पर बारीक मूँछें उनके व्यक्तित्व को और गंभीर बना देती थीं।

दरबान ने महल में दीवान दिनकर राव राजवाड़े के पहुँचने की ख़बर महाराज जयाजीराव तक भिजवा दी। दीवान जी अकेले मंत्रणा कक्ष में लगी पूर्व के सिंधिया शासकों की तस्वीरों को निहार रहे थे।

मंत्रणा कक्ष की दीवारों पर सुनहरी चौखट में महाराज राणोजीराव सिंधिया, जयाजीराव सिंधिया, जनकोजीराव सिंधिया, माधवराव सिंधिया, दौलतराव सिंधिया, जनकोजीराव सिंधिया के साथ ही वर्तमान महाराज जयाजीराव के भी तैलचित्र थे। इन तस्वीरों के बीच एक तस्वीर महारानी बैजाबाई की थी।

दीवान दिनकर राव राजवाड़े सोचने लगे कि आख़िर महारानी बैजाबाई में ऐसा क्या है, जो राज प्रमुखों के साथ उनकी तस्वीर भी लगी है। राव साहब इतना तो जानते थे कि महारानी

बैजाबाई ग्वालियर रियासत की रीजेंट भी रही हैं, लेकिन क्या उनकी तस्वीर लगाने का यही एकमात्र कारण रहा होगा?

"महाराज साहब पधार रहे हैं"- एक अनुचर ने दीवानजी के कानों में फुसफुसाकर कहा। दीवान दिनकर राव राजवाड़े अपने अंगरखे और पगड़ी को सँवारकर सतर्क हो गए। महाराज के कक्ष में पधारते ही उन्होंने परम्परानुसार झुककर अभिवादन किया। महाराज ने हाथ के इशारे से राव साहब को आसंदी पर बैठने का इशारा किया और स्वयं अपने आसन पर बैठ गए।

"मेजर नहीं आए?" महाराज ने संक्षिप्त-सा सवाल किया।

"आते ही होंगे महाराज।" दीवान राव ने नपा-तुला उत्तर दिया।

"हाँ..." महाराज अपनी मूँछों पर हाथ फेरते हुए बोले।

"और क्या ख़बरें हैं, दीवान साहब रियासत की?" महाराज ने एक औपचारिक जिज्ञासा रखी।

"सब ख़ैरियत हैं सरकार!" दीवान दिनकर राव राजवाड़े बोले। राव साहब को मंत्रणा की विषय वस्तु का पता नहीं था, सो वे उलझन में थे, लेकिन उन्हें अंदाज़ा था कि बातचीत का विषय हो न हो झाँसी का युद्ध ही होगा। और दीवानजी का अनुमान सौ फ़ीसदी सही निकला।

"झाँसी की क्या ख़बर है? हमें क्या करना है?" महाराज ने राव की ओर फिर कौतूहल से देखते हुए पूछा।

"जैसा आपका हुकुम हो महाराज!"

"आप क्या कहते हैं?"

"मैं तो पहले ही कह चुका हूँ महाराज कि हमें इस आग से दूर रहना चाहिए। झाँसी की लड़ाई झाँसी और अँग्रेज़ों के बीच की है,

हमारा इससे क्या लेना-देना? अँग्रेज़ों से तो हमारे रिश्ते अच्छे ही हैं।" राव साहब ने लंबा-सा उत्तर दिया।

महाराज जयाजीराव ख़ामोश रहे। वे मंत्रणा कक्ष की छत ताक रहे थे, शायद उन्हें दीवान दिनकर राव राजवाड़े के उत्तर से संतोष नहीं था।

"अगर रानी लक्ष्मीबाई ग्वालियर तक पहुँचकर अँग्रेज़ों से भिड़ गईं, तब..?" महाराज ने अपना प्रश्न अधूरा छोड़ दिया।

"तब क्या महाराज! हमें ग्वालियर में मौजूद अँग्रेज़ों और उनके परिवारों की रक्षा करना पड़ेगी, आख़िर वे हमारे मित्र हैं, और उनके साथ हमारी सैन्य संधि भी है।" राव साहब स्थितप्रज्ञ होकर बोले।

"लेकिन ये कैसे मुमकिन है, क्या हम और हमारी फ़ौज रानी साहिबा पर हमला करेगी?"

"हमला नहीं महाराज! अपना बचाव करेगी।"

"और अगर हमारी फ़ौज और रियाया ने बग़ावत कर दी तो..?"

"आप फ़िक्र न करें महाराज, हमने हर स्थिति से निबटने की तैयारी कर रखी है।"

"क्या तैयारी है..?"

"हम आप पर और अँग्रेज़ों पर आँच नहीं आने देंगे" राव साहब ने तैयारियों का ब्योरा देने के बजाय महाराज को आश्वस्त करना चाहा। लेकिन महाराज संतुष्ट नहीं हुए। उनके चेहरे पर चिंता की रेखाएँ पूर्ववत आड़ी-तिरछी होकर उभर रही थीं।

मंत्रणा कक्ष में कुछ देर के लिए मौन छा गया। महाराज और दीवान साहब कुछ बोलने के बजाय एक-दूसरे को देख रहे थे। दीवान

दिनकर राव राजवाड़े की आँखों में आत्मविश्वास चमक रहा था, किंतु महाराज की आँखों में आशंका ही आशंका थी। वे उलझन में थे।

"आप तो अँग्रेज़ों के मित्र हैं, उनके बारे में ही सोचते हैं।" महाराज ने शिकायती लहज़े में कहा।

"नहीं-नहीं महाराज! में अँग्रेज़ों से पहले आपका और ग्वालियर की प्रजा का हित देखता हूँ। मैंने बहुत सोच-विचार के बाद ही निवेदन किया है।" राव साहब ने अपने आसन से खड़े होकर कहा।

"महाराज! मैं चितपावन ब्राह्मण हूँ, मुझे अपने राजधर्म का पूरा भान है। मैं दादा खासगीवाले की तरह आपको किसी उलझन में नहीं डालना चाहता।" राव साहब बोले।

महाराज को जैसे किसी ने डंक मार दिया हो। खासगीवाले उनकी दुखती रग थे। दादा खासगीवाले ने सिर्फ़ एक दशक पहले महाराजपुरा में अँग्रेज़ों से लोहा लिया था, और बाद में महारानी और उनके पिता की साज़िश के चलते अँग्रेज़ों के हाथ भी लग गए थे। दादा खासगीवाले ने अँग्रेज़ों की क़ैद में ही दम तोड़ा था।

महाराज की भवें तन गईं, तेवर बदल गए। उन्होंने जलती निगाहों से दीवानजी की ओर देखा और बोले-

"आप उलाहना दे रहे हैं?"

"नहीं महाराज! नहीं, मैं निर्भय होकर आपका दीवान होने के नाते राज्य और प्रजा के हित में कह रहा हूँ। आप ही बताइए कि महाराजपुरा के युद्ध के बाद ग्वालियर को क्या मिला, सिवाय अपमान के?" राव साहब बिना रुके बोलते चले गए। वे आगे कुछ कहते तभी दरबान ने मेजर मेकपर्सन के आने की सूचना दी।

"उन्हें अंदर भेजो।" महाराज ने आदेश दिया। मेजर मेकपर्सन ने मंत्रणा कक्ष में प्रवेश करते ही महाराज को सैल्यूट किया और आदर में आधे झुक गए। मेजर अति विनम्र और सुलझे हुए अँग्रेज़

अफ़सर थे। वे कंपनी और रियासत के बीच एक पुल की तरह थे। महाराज ने उन्हें बैठने का इशारा किया। मेजर अपनी टोपी उतारकर कुर्सी पर बैठ गए।

"आपने कैसे याद किया महाराज"? मेजर ने अति विनम्रता से महाराज की ओर देखकर अपनी जिज्ञासा प्रकट की।

"कुछ नहीं, ऐसे ही..." महाराज ने अधखुला उत्तर दिया।

"तो आप ऑर्डर दीजिए महाराज।" मेजर ने फिर कहा।

"ये झाँसी की उथल-पुथल को लेकर आप क्या सोचते हैं?"

"वो एक लीगल मैटर है महाराज। रानी साहिबा और कंपनी के बीच का मामला है।" मेजर ने कहा।

"लेकिन झाँसी में जो मारकाट मची है, और रानी झाँसी क़िला छोड़कर मैदान में आ गई हैं। आपको पता है कि वे कंपनी की फ़ौजों से जूझते हुए लगातार आगे बढ़ रही हैं..!" महाराज ने क्षोभ भरे स्वर में कहा।

मेजर मेकपर्सन चुप रहे।

"क्या इस आग में ग्वालियर नहीं झुलसेगा?" महाराज ने प्रतिप्रश्न किया।

दीवानजी चुपचाप दोनों को सुन रहे थे। वे कुछ नहीं बोल रहे थे।

"क्या हमें उनकी मदद नहीं करनी चाहिए?" महाराज ने फिर सवाल किया। सवाल दोनों से था, और दोनों ही ख़ामोश थे, किसी ने कुछ नहीं कहा।

महाराज दोनों की चुप्पी से उखड गए ,बोले- "आप क्या बात करते हैं राव साहब! हमारे पूर्वज जब 1780 में काशी नरेश राजा चेत सिंह और उनकी 8 हजार फ़ौज को शरण दे सकते हैं तो क्या हम झांसी की रानी को शरण नहीं दे सकते?" महाराज ने तनिक उत्तेजित सुर में कहा।

"नहीं दे सकते महाराज! तब की बात और थी। राजा चेत सिंह अंग्रेजों से परास्त होकर काशी से पलायन कर एक शरणार्थी के रूप में महाराजा महादजी सिंधिया के पास आये थे। उस समय सिंधिया रियासत की ताकत कुछ और थी। तब अंग्रेज हमारी ओर आँख उठाकर भी नहीं देख सकते थे महाराज, लेकिन झांसी से बाई साहब एक बाग़ी के रूप में आगे बढ़ रही हैं। उन्होंने पलायन नहीं किया है, वे जंग लड़ रही हैं। वे शरणार्थी होती तो बात और थी।" दीवान दिनकर राव ने पूरी दृढ़ता के साथ कहा।

महाराज जयाजीराव ने दीवान कि ओर जलती निगाहों से देखा लेकिन कहा कुछ नहीं। कहते भी क्या? दीवान दिनकर राव ने उनके तर्क को अपनी दलील से अप्रसांगिक साबित कर दिया था। महाराज मन ही मन तिलमिलाकर रह गए। उनके मन में अपने पूर्वज महादजी सिंधिया का इतिहास दोहराने की ललक अचानक बुझ गयी। स्थितियाँ उनका साथ नहीं दे रही थीं। महाराज कुछ चाहते थे और हो कुछ और रहा था।

"आप सब समय पर छोड़ दीजिए। यदि रानी साहिबा सचमुच ग्वालियर पहुँच गईं, तब देखा जाएगा।" राव साहब बोले।

"ऐसा कैसे मुमकिन है! रानी झाँसी संकट में हैं। यदि वे हमसे सहयोग माँगेंगी तो हम मना कैसे करेंगे? आख़िर हमारा भी तो कोई नैतिक दायित्व है।" महाराज जयाजीराव बोले।

"आपका राजधर्म पहले अपनी प्रजा की रक्षा करना है महाराज! फिर जैसा आप हुक्म दें।"

मेजर मेकपर्सन दोनों की ओर विस्मय से देख-सुन रहे थे। उनकी मुखमुद्रा से लग रहा था, जैसे कि वे दीवान दिनकर राव राजवाड़े की बातों से सहमत हैं।

***

कोई समाधान न पाकर महाराज जयाजीराव अपने आसन से उठ खड़े हुए। मंत्रणा अधूरी रही। महाराज को आसंदी से उठते देख

दीवान दिनकर राव राजवाड़े और मेजर मेकपर्सन भी खड़े हो गए। महाराज बिना कुछ बोले एक फ़ीकी-सी मुस्कराहट बिखेरते हुए मंत्रणा कक्ष से बाहर निकल गए। मेजर और दीवान भी महाराज के जाते ही मंत्रणा कक्ष के बाहर आ गए।

नींद केवल महाराज जयाजीराव सिंधिया की ही नहीं, अँग्रेज़ों की भी हराम थी। वे सिंधिया को लेकर आश्वस्त नहीं थे, हालाँकि 1843 की लड़ाई के बाद परास्त सिंधिया ने कभी अँग्रेज़ों के ख़िलाफ़ खड़े होने का दुस्साहस नहीं किया था। लेकिन आशंकाएँ तो थीं ही।

ग़दर की ख़बरों पर कंपनी सरकार की पूरी नज़र थी। ख़बरों में सच्ची-झूठी सब तरह की सूचनाएँ होती थीं। अटकलें थीं कि बाग़ियों ने महाराज जयाजीराव सिंधिया से 'ग़दर' की कमान सम्हालने की पेशकश की है।

अँग्रेज़ों को आशंका थी कि यदि सिंधिया इन बाग़ियों के साथ हो लिए तो कंपनी सरकार के पाँव उखड़ सकते हैं। अँग्रेज़ों की अटकलें निराधार नहीं थीं। अँग्रेज़ों की कूटनीति के बाद भले ही सिंधिया की सेना में ज़बरदस्त कटौती हो गई थी, इसके बाद भी हैदराबाद के निज़ाम के बाद ग्वालियर के सिंधिया के पास ही सबसे ज़्यादा सैन्य बल था। सैन्य बल ही नहीं था अपितु सिंधिया की सेना में अधिकांश सिपहसालार ग़दर के समर्थक थे।

बग़ावत की आग कानपुर, लखनऊ से होती हुई और ज़्यादा भड़क चुकी थी। ग्वालियर के महाराज जयाजीराव सिंधिया से बाग़ियों को काफ़ी उम्मीदें थीं, क्योंकि वे एकदम युवा, मात्र 24 साल के उत्साही महाराजा थे। अफ़वाह उड़ चली थी कि सिंधिया को आगे कर उन्हें पूरे देश का राजा बनाया जा सकता है। सिंधिया के पास धनबल, बाहुबल के अलावा जोश-ख़रोश की भी कमी नहीं थी।

सिंधिया के बारे में मिल रही सूचनाओं को लेकर अँग्रेज़ों के मित्र और ग्वालियर रियासत के दीवान दिनकर राव राजवाड़े तथा मेजर जनरल मेकपर्सन भी ख़ामोश नहीं थे। दोनों मिलकर महाराज सिंधिया और बाग़ियों के बीच दीवार बनकर खड़े थे।

छोटी रियासतों में आम धारणा थी कि यदि सिंधिया उत्तराधिकार के मुद्दे पर शुरू हुई झाँसी की बग़ावत का नेतृत्व सम्हाल लें तो पूरा देश अँग्रेज़ी सत्ता के खिलाफ़ उनके पीछे खड़ा हो सकता है, क्योंकि उत्तराधिकार का संकट हर रियासत के सामने था। अँग्रेज़ों को डर था कि यदि उत्तर भारत में उठी बग़ावत में सिंधिया शामिल हुए तो यह आग दक्षिण तक पहुँचने में भी ज़्यादा देर नहीं लगेगी, और मुमकिन है कि ग्वालियर के बाद हैदराबाद भी इस बग़ावत में शामिल हो जाए।

ग़दर की ख़बरों से सबसे ज़्यादा आतंकित लॉर्ड कैनिंग थे। उन्हें लग रहा था कि यदि सिंधिया इस ग़दर के शामिल हुए तो कंपनी सरकार को अपना बोरिया-बिस्तर जल्द बाँधना पड़ेगा।

अँग्रेज़ी हुक्मरानों ने दीवान दिनकर राव और मेजर जनरल मेकपर्सन को एक तरह से महाराज जयाजीराव सिंधिया को विद्रोहियों से दूर रखने की सुपारी दी थी।

***

बग़ावत की पदचाप अब साफ़ सुनाई देने लगी थी। मेजर मेकपर्सन और दीवान दिनकर राव ग्वालियर में रह रहे अँग्रेज़ अफ़सरों के परिवारों की सुरक्षा को लेकर चिंतित थे। महाराज जयाजीराव सिंधिया से मिलने के बाद वे उसी शाम बैठे थे।

"दीवान जी! क्या सोचा आपने?"

"सोचना क्या, हम महाराज को ख़ून ख़राबे से हर हाल में अलग रखेंगे।"

"वो तो ठीक है, लेकिन विद्रोहियों ने ग्वालियर पर धावा बोल दिया, तब? हम लोगों की सेफ्टी का क्या होगा?"

"हम सभी परिवारों को महल में सुरक्षित कर देते हैं।"

"और यदि उन्होंने महल पर ही अटैक कर दिया तो?"

"क्या बात करते हैं मेजर साहब! हम उन्हें सरहद पर ही रोक लेंगे।" दीवानी दिनकर राव ने दंभ के साथ कहा। मेजर मेकपर्सन फिर भी आश्वस्त नहीं थे। जाने क्यों उनके मन में अज्ञात भय था, वे सशंकित थे।

"क्या ऐसा नहीं हो सकता कि हम अपनी तमाम फ़ैमिलीज़ आगरा भेज दें, ग्वालियर की हद से बाहर?" मेजर ने अपना प्रस्ताव ज़ाहिर किया।

'सुझाव तो अच्छा है, जब महिलाएँ और बच्चे नहीं होंगे तो आपके लोग भी सिंधिया की सेना के साथ बेफ़िक्र होकर खड़े हो सकेंगे।" दीवान दिनकर राव राजवाड़े बोले।

"...लेकिन ये टकराव टल नहीं सकता क्या?" मेजर ने उत्सुकता से पूछा।

दीवान दिनकर राव राजवाड़े मुस्कराए। बोले, "नामुमकिन है अब... अब दो ही सूरत हैं। पहली ये कि महाराज ख़ुद बाग़ियों के साथ खड़े हो जाएँ या ख़ुद उन्हें ग्वालियर पर हमला करने से रोकें...।"

मेजर की आँखें विस्मय से फैल गईं। वे दीवान की ओर ताकते रह गए। उन्होंने तो ऐसा सोचा तक नहीं था कि महाराज भी बाग़ियों के साथ खड़े हो सकते हैं। उन्हें बाग़ियों और महाराज के बीच ख़तो-किताबत की भनक तो थी, पर इस संभावना से वे बेख़बर थे।

"पर आप फ़िक्र न करें, मैं ऐसा होने नहीं दूँगा।" दीवान दिनकर राव राजवाड़े ने स्पष्ट किया।

"क्या प्लान है आपके पास?"

"प्लान है मेजर साहब! वक़्त आने पर बता दिया जाएगा। आप इतना जान लीजिए कि मुझे कंपनी सरकार और ग्वालियर की रियासत दोनों की फ़िक्र है। कुछ भी हो जाए, मैं किसी का नुक़सान नहीं होने दूँगा।" दीवान दिनकर राव ने पूरे आत्मविश्वास के साथ कहा।

मेजर ने टेबल पर रखे गिलास से पानी पीकर अपने सूखते गले को तर किया। दीवान दिनकर राव मेजर की मनोदशा भाँप गए थे, मुस्कराकर बोले-

"खस का शरबत मँगाऊँ?"

"नहीं-नहीं!" मेजर झेंप गए, जैसे उनकी चोरी पकड़ी गई हो।

"अच्छा तो चलता हूँ, आप अलर्ट रहिए, कोई भी ख़बर मिले तो बताइए।" दीवान उत्तर की प्रतीक्षा किए बिना बाहर निकल आए। मेजर जनरल मेकपर्सन रेसीडेंसी के पोर्च तक दीवान दिनकर राव को विदा करने आए। दीवान जी के प्रस्थान करते ही मेजर ने एक लंबी साँस ली और अपने कक्ष में वापस लौट गए। गर्मी उन्हें बहुत परेशान कर रही थी। ग्वालियर की गर्मी अक्सर अँग्रेज़ों को बीमार कर देती थी।

***

दीवान दिनकर राव राजवाड़े ने महाराज जयाजीराव सिंधिया को 'ग़दर' से दूर रखने के लिए एक नई जुगत भिड़ाई। सिंधिया की वरिष्ठ रानी चिमनबाई राजे दीवान दिनकर राव राजवाड़े को अपना अग्रज मानती थीं, मानती ही नहीं थी, वे उन्हें अपने बड़े भाई जैसा सम्मान भी देती थीं। इस नाते महाराज की पत्नी ताराबाई राजे भी दीवान को अपना चाचा मानती थीं।

मेजर जनरल मेकपर्सन से मिलने के बाद उसी दिन दीवान दिनकर राव राजवाड़े महल जा पहुँचे। वे सीधे रनिवास की ओर गए। उन्होंने अनुचरों को महारानी चिमनराजे को अपने पहुँचने की इत्तला देने को कहा।

महारानी चिमनराजे को जब दीवान दिनकर राव राजवाड़े के बिना किसी पूर्व सूचना के आने की ख़बर मिली तो वे कदाचित चौंकीं, क्योंकि आमतौर पर कोई भी (यहाँ तक कि दीवान दिनकर राव भी) बिना पूर्व सूचना के रनिवास नहीं आता-जाता।

"उन्हें सम्मानपूर्वक मंत्रणा कक्ष में बैठाओ, मैं आती हूँ।" महारानी ने अनुचर को निर्देश दिया।

कुछ ही समय पश्चात दीवान दिनकर राव राजवाड़े महारानी चिमनराजे के मंत्रणा कक्ष में थे। वे कक्ष में एकदम अकेले थे। वे पहले भी रानी साहिबा से मिल चुके थे, लेकिन इस समय वे पहले के मुक़ाबले ज़्यादा संजीदा नज़र आ रहे थे।

"प्रणाम भाई साहब! आपने अचानक कैसे कष्ट किया?" महारानी ने कक्ष में प्रवेश करते ही पूछा। दीवान जी अपने स्थान से उठ खड़े हुए। उन्होंने महारानी का अभिवादन किया और बोले-

"काम ही कुछ ऐसा था महारानी साहिबा।"

अपनी आसंदी पर बैठते हुए महारानी चिमनराजे ने दीवान दिनकर राव की ओर घूरा। उनकी नज़रों में प्रश्नाकुलता थी।

“आख़िर ऐसा क्या ज़रूरी काम आन पड़ा आपको?”

“कुछ नहीं, कुछ नहीं,” दीवान जी ने भूमिका बनाने से पहले कहा। दीवान राजवाड़े भी महारानी के आसंदी पर बैठते ही अपनी कुर्सी पर बैठते हुए झिझके।

“आपको पता ही है रानी साहिबा, झाँसी के बारे में”

“हाँ! सुना तो है, अँग्रेज़ों ने उनके साथ ठीक बर्ताव नहीं किया।” रानी ने कहा।

“मैं इसी बारे में आपसे कुछ कहना चाहता था...”

“आप नि:संकोच होकर कहिए।” रानी ने दीवान के आश्वस्त किया।

दीवान के चेहरे पर एक तरह की ख़ामोशी थी, रहस्यमय ख़ामोशी। वे अपना अंगवस्त्र ठीक करते हुए बोले, “आपको पता ही है कि रानी झाँसी अँग्रेज़ों के ख़िलाफ़ बग़ावत का झंडा उठाकर लगातार आगे बढ़ रही हैं...”

“हूँ!”

“आपको पता है कि रानी झाँसी ने अपने महाराज के पास इस बग़ावत का नेतृत्व करने का प्रस्ताव भेजा है।” दीवानजी रानी साहिबा के चेहरे की प्रतिक्रिया को पढ़ते हुए बोले।

“ये तो उनका बड़प्पन है, पूरे उत्तर भारत में अपनी रियासत और अपने महाराज जैसा दूसरा और कोई है ही कौन?” महारानी ने ख़ुश होते हुए कहा।

दीवानजी अपना पासा उल्टा पड़ता देख परेशान नज़र आए। रानी झाँसी के प्रति महारानी चिमनराजे के मन में सद्भावना थी। दीवान ने बात आगे बढ़ाई-

“आप सही कहती हैं, लेकिन हमारा तो अँग्रेज़ों से कोई विवाद नहीं हैं, ऐसे में महाराज का ग़दर से दूर रहना ही ठीक होगा।

ग़दर न हमारे हित में है और न ग्वालियर के हित में।" दिनकर राव ने वज़नदारी से कहा।

"आप कहना क्या चाहते हैं दीवानजी?" महारानी ने उलाहना भरे स्वर में कहा। वे समझ नहीं पा रही थीं कि दीवानजी अचानक ये विषय लेकर क्यों उपस्थित हुए हैं?

"आपको महाराज को समझाना होगा।"

"क्या?"

"कि वे ग़दर से दूर रहें।"

"क्यों?"

"क्योंकि ग़दर से पहले किसी ने हमसे यानी महाराज से कोई मशविरा नहीं किया, ऐसे में हम अँग्रेज़ों के ख़िलाफ़ झाँसी का साथ क्यों दें?"

"हम कुछ समझे नहीं दीवानजी।" रानी ने एक बार फिर ऊबते हुए कहा। महारानी चिमनराजे की राजकाज में दिलचस्पी सीमित थी, ये काम राजमाता के साथ-साथ दूसरों के जिम्मे था। दीवान दिनकर राव ने हार नहीं मानी। उन्हें पता था कि चिमनराजे ही महाराज को प्रभावित कर सकती हैं।

"देखिए राजे! ये ग्वालियर और सिंधिया वंश के भविष्य से जुड़ा सवाल है, इसलिए इसमें आपका दख़ल भी बहुत ज़रूरी है।" दिनकर राव ने बातचीत के छिटकते सूत्र फिर समेटते हुए कहा। वे बोले-

"अगर ग्वालियर ने रानी झाँसी की मदद की तो न केवल हमें बेमतलब अँग्रेज़ों से दुश्मनी मोल लेनी पड़ेगी, बल्कि निर्दोष जनता को भी इसका ख़ामियाज़ा भुगतना पड़ेगा।"

"तो आप ये सब बातें महाराज को बताइए न!"

“उन्हें भी समझा रहा हूँ, लेकिन आप भी महाराज को समझाइए।” दीवान ने दृढ़ता से कहा।

“ठीक है!” राजे ने संक्षिप्त-सा उत्तर दिया और अपनी आसंदी से उठ खड़ी हुईं। दीवान दिनकर राव राजवाड़े ने भी अपनी कुर्सी छोड़ दी। बातचीत बीच में ही टूट गई।

***

दीवान दिनकर राव राजवाड़े तजुर्बेकार थे, उन्हें मन ही मन संतोष था कि तीर निशाने पर लगा है। चाहे जो भी हो महारानी 'ग़दर' के मसले पर महाराज से कुछ न कुछ बात ज़रूर करेंगी। दीवान दिनकर राव को त्रियाहठ की शक्ति का अंदाज़ा था। उन्होंने ग्वालियर आने से पहले बैजाबाई के त्रियाहठ के क़िस्से सुने थे और राजमाता ताराबाई के क़िस्से सुने थे। उन्हें यक़ीन था कि रानी चिमनराजे उनके अभियान में महत्वपूर्ण भूमिका निभाएँगी।

दीवान दिनकर राव राजवाड़े एक हद तक अपनी योजना में कामयाब भी रहे। महाराज जयाजीराव सिंधिया पर रानी चिमनराजे के साथ ही परिवार की अन्य महिला सदस्यों ने भी दबाव डाला कि महाराज स्वयं को 'ग़दर' से अलग रखें।

***

ग्वालियर को झाँसी में उठी विद्रोह की लपटों से बचाने के लिए दिनकर राजवाड़े की कोशिशों के पीछे उनकी अँग्रेज़ों के प्रति भक्ति थी और ग्वालियर के प्रति समर्पण भी। वे न ग्वालियर को उसके हाल पर छोड़ना चाहते थे और न ग्वालियर में रह रहे अँग्रेज़ परिवारों को। दिनकर राव राजवाड़े को दीवान अँग्रेज़ों ने तैनात किया था, लेकिन वे ख़िदमत ग्वालियर नरेश महाराज जयाजीराव सिंधिया की कर रहे थे।

झाँसी के विद्रोह के बाद जितनी हलचल महल के भीतर थी, उतनी ही महल के बाहर भी। जिन लोगों ने ग्वालियर में अँग्रेज़ों के साथ पंद्रह साल पहले महाराजपुरा-पनिहार की लड़ाई को देखा-सुना था, वे सबसे ज़्यादा आतंकित थे। उस युद्ध में ख़ून-ख़राबे की यादें अभी धूमिल नहीं हुई थीं।

महल में एक तरफ़ अँग्रेज़ों के शुभचिंतक दीवान दिनकर राव राजवाड़े और मेजर जनरल मेकपर्सन थे, दूसरी तरफ़ बड़ी राजमाता बैजाबाई थीं। राजमाता बैजाबाई को अँग्रेज़ फूटी आँख नहीं सुहाते थे। उनके साथ अतीत में अँग्रेज़ों ने जो बर्ताव किया था, वो उनके अंतस में काँटे की तरह चुभता था।

कोल्हापुर के घाटगे परिवार की बैजाबाई जब मात्र 14 साल की थीं तब डोली में बैठकर ग्वालियर की महारानी बनकर आई थीं। वे महाराज दौलतराव सिंधिया की आँख की पुतली थीं।

घुड़सवारी में दक्ष बैजाबाई की एक ज़माने में महल में तूती बोलती थी। वे जितनी अच्छी घुड़सवार थीं उतनी ही अच्छी तलवारबाज़ और भाला चलाने में दक्ष थीं। रियासत के राजकाज में महाराज दौलतराव उनसे लगातार विमर्श करते थे। महल में महाराज के बाद वे ही सबसे प्रभावी सदस्य थीं। बैजाबाई को शुरू से ही फिरंगियों से चिढ़ थी।

बड़ी राजमाता बैजाबाई महल में चल रही हलचल से अनजान थीं। उन्हें अचानक अपने अतीत की याद आ गईं। उनके समय में भी उनका दीवान सखाराम, महाराज जयाजीराव के दीवान दिनकर राव राजवाड़े जैसा ही था। सखाराम हर समय उनके और महाराज दौलतराव के बीच खाई पैदा करने की कोशिश करता था।

बैजाबाई द्वितीय अँग्रेज़-मराठा युद्ध में सिंधिया की पराजय को कभी नहीं भूली थीं। इसी पराजय के बाद हुए समझौते से अँग्रेज़ों का रियासत के कामकाज में दख़ल बढ़ गया था। अँग्रेज़ों ने हालाँकि इसी समझौते के तहत बैजाबाई को दो लाख सालाना क़ीमत की जागीर दे दी थी।

महारानी बैजाबाई अतीत के अँधेरे में ग़हरी धँस रही थीं। उन्हें याद आया कि अँग्रेज़ों ने कैसे उनके भाई हिन्दू राव को ग्वालियर का दीवान बनाया था। बैजाबाई ने तीन साल बाद ही भाई को हटाकर अपने चाचा बाबाजी पाटनकर को दीवान बनवा दिया था।

अँग्रेज़ों से विरोध बैजाबाई को विरासत में मिला था। उनके पिता युवावस्था में ही अच्छे लड़ाके थे, इसलिए बैजाबाई भी चाहती थीं कि महाराज दौलतराव सिंधिया अँग्रेज़ों के ख़िलाफ़ लड़ रहे बाजीराव पेशवा (द्वितीय) का साथ दें। उन्हें याद आया कि जब पति महाराज दौलतराव सिंधिया ने अँग्रेज़ों की माँग स्वीकार करते हुए अजमेर उन्हें सौंपने पर सहमति दी थी, तब वह महाराज पर कैसी बिफ़री थीं। गुस्से में बैजा ने महाराज को कायर तक कह दिया था। बैजा को अपने दुस्साहस पर बुढ़ापे में हँसी आ रही थी।

बैजाबाई को महल की तमाम साज़िशें याद आ रही थीं। महल में उनके दीवान सखाराम की संदिग्ध परिस्थितियों में हत्या कर दी गई थी। महारानी बैजाबाई को सूबेदार देवबा गोले पर शक था। बैजाबाई ने देवबा को पद से हटवाकर ही चैन की साँस ली थी।

बूढ़ी हो चलीं महारानी बैजाबाई को वे दिन याद आ रहे थे जब वे रियासत की पूँजी का निवेश करने का अधिकार अपने हाथों में रखती थीं। उन्होंने रियासत की तमाम आर्थिक गतिविधियों पर नियंत्रण कर लिया था। उन्होंने अपने कौशल से उज्जैन को आर्थिक गतिविधियों का प्रमुख केन्द्र बना दिया था। उस समय की दो प्रमुख बैकिंग फर्मों की वे नियंता थीं। नाथ जी किशनदास और नाथ जी भगवानदास नाम की ये दोनों वित्तीय संस्थाएँ महारानी बैजाबाई के इशारे पर काम करती थीं। इनकी जब्ती को लेकर फिरंगियों और बैजाबाई में ठन चुकी थी। बैजाबाई को किसी भी सूरत में अँग्रेज़ों का नियंत्रण मंजूर न था। लेकिन फिरंगी तो फिरंगी ठहरे। उन्होंने बैजाबाई की फर्मों से भारी ऋण लेकर उन्हें ग्वालियर रियासत का दीवान बना दिया।

फिरंगियों ने बैजाबाई से एक करोड़ रुपए उधार लिए थे। उन्हें उम्मीद थी कि दीवान बनाए जाने के बाद बैजाबाई यह ऋण माफ़ कर देंगी, लेकिन बैजाबाई ने ऐसा करने से साफ़ इंकार कर दिया। फिरंगियों ने यह रक़म मनीराम से उठानी चाही लेकिन बैजाबाई के डर से उसने भी हाथ खड़े कर दिए।

बैजाबाई से टकराव के कारण मध्य भारत में अँग्रेज़ों का अफ़ीम कारोबार बुरी तरह प्रभावित हुआ था। खीजकर फिरंगी बैजाबाई के ख़िलाफ़ सैन्य कार्रवाई पर आमादा हो गए। उन्होंने जैसे-तैसे मामला निबटाने की कोशिश की।

महारानी को याद आया कि फिरंगी कैसे उनके सामने ऋण के लिए हाथ फैलाए रहते थे। पहले के एक करोड़ की वसूली के बाद महारानी बैजाबाई ने फिरंगियों को बर्मा में कारोबार के लिए एक बार फिर क़र्ज दिया, लेकिन इस बार ज़मानत रेजीडेंट मेजर स्टीवर्ट से ली। फिरंगी महारानी के सामने विवश थे।

महारानी बैजाबाई के चेहरे पर अचानक दर्द उभरने लगा। अचानक महाराज दौलतराव की पार्थिव देह उनकी नज़रों में उभर आई। वो अभागा दिन भी गर्मियों का था। 21 मार्च 1827 का दिन उनकी माँग सूनी कर गया था।

महाराज के निधन के बाद ईस्ट इंडिया कंपनी की ओर से रेजीडेंट मेजर जोसफ़ स्टीवर्ट थे। वे उदार क़िस्म के थे। वे चाहते थे कि विधवा महारानी को ही राज्य का दीवान बना दिया जाए। लेकिन इसी बीच महाराज दौलतराव की वसीयत सामने रख दी गई। महाराज ने दत्तक पुत्र लेने की इच्छा रखी थी। फिरंगियों ने वसीयत पर अमल का जिम्मा बैजाबाई के भाई हिंदू राव को ही सौंप दिया, जबकि वो पहले से संदिग्ध था। लेकिन बैजाबाई ने हार नहीं मानी।

महल में सिंधिया राजवंश के उत्तराधिकारी के चयन को लेकर खींचतान चल रही थी। उत्तराधिकारी तय होने तक अँग्रेज़ों ने महारानी बैजाबाई को ही दीवान बना दिया था।

उत्तराधिकारी तो मेरे मायके पक्ष से होना चाहिए, महारानी बैजाबाई ने सोचा। ऐसा करने की सलाह उन्हें राजपुरोहितों ने दी थी। लेकिन विधि को कुछ और मंजूर था।

महारानी बैजाबाई अच्छी-बुरी तारीख़ें कभी नहीं भूलती थीं। उन्हें 17 जून 1827 का वो दिन ख़ूब याद था जब उनकी इच्छा के विरुद्ध स्वर्गीय महाराज दौलतराव सिंधिया के पास से 11 साल के मुकुटराव को पदाधिकारी स्वीकार कर लिया गया। मुकुट को नया महाराज बनाने के साथ ही उनका नाम रखा गया जनकोजीराव सिंधिया।

***

इतिहास की पुनरावृत्ति होती है। बैजाबाई हँस पड़ीं। जैसे मुकुटराव महल में महाराज बनाए गए थे, ठीक वैसे ही आज के महाराज जयाजीराव सिंधिया को भागीरथ शिंदे से जयाजीराव बनाया गया था।

अतीत का एक-एक पन्ना अपने आप पलट रहा था। समय जाते देर कहाँ लगती है। महाराज जनकोजीराव नाम के महाराज थे। सारा राजकाज राजमाता बन चुकीं बैजाबाई के हाथों में था। बैजाबाई ने अपनी एक रिश्तेदार से महाराज जनकोजीराव सिंधिया का आनन-फानन में विवाह भी करा दिया, लेकिन नई रानी ग्यारह साल की उम्र में ही चल बसी। बैजाबाई को क़िस्मत धोखे पर धोखा दे रही थी।

बैजाबाई सिंधिया रियासत का स्वतंत्र दर्जा चाहती थीं। लेकिन रेजीडेंट के समर्थन के बावजूद गवर्नर जनरल ने बैजाबाई को उनके पद से भी हटा दिया। नए महाराज यानी दत्तक पुत्र जनकोजीराव से उनके रिश्ते बनने के बजाय फिर बिगड़ने लगे।

जनकोजीराव की सेहत ठीक नहीं रहती थी, उसका फ़ायदा उठाकर बैजाबाई ने एक बार फिर अपनी बिखरी ताक़त समेटना शुरू कर दिया। बैजाबाई ने महाराज के आदेशों की अनसुनी शुरू कर दी। रियासत की मुहर में भी महाराज का नाम नहीं जोड़ा। हाँ दिखावे के लिए सरकारी कामकाज में बैजाबाई जनकोजीराव का नाम मुहर में जोड़े रहीं।

महल में चल रहे इस अंदरूनी टकराव से अँग्रेज़ों ने अपने आपको अलग रखा था। महाराज जनकोजीराव अपनी सुरक्षा को लेकर चिंतित थे, उन्होंने रेजीडेंट से हस्तक्षेप का आग्रह किया लेकिन रेजीडेंट भी पीछे हट गया।

महारानी से राजमाता बनीं बैजाबाई की स्मृतियों में दिसम्बर का वह ठिठुरा दिन भी उभर आया जब लॉर्ड विलियम बैंटिक

ग्वालियर आए थे। शायद यह साल 1832 का हो, बैजाबाई ने मन ही मन गणना की।

राजमाता को उनके मुख़बिरों ने बताया कि महाराज ने लॉर्ड विलियम बैंटिक से मिलकर सत्ता उन्हें सौंपने की दरख़्वास्त ही नहीं की थी बल्कि बैजाबाई को हटाने के लिए रियासत की आय का एक-चौथाई भाग देने की पेशकश भी की थी, लेकिन लॉर्ड इस पेशकश से भड़क गए थे।

मुख़बिरों ने बताया कि महाराज ने लॉर्ड से साफ़ कहा था कि यदि अँग्रेज़ों ने उनकी बात न मानी तो वे अपनी बंदूक़ से राजमाता बैजाबाई का काम तमाम कर देंगे। सुनकर सिहर उठी थीं बैजाबाई। क्या कोई इतना भी नीचे जाकर सोच सकता है? बैजाबाई सोच में डूबी थीं।

***

उधर लॉर्ड विलियिम बैंटिक ने महाराज जनकोजीराव की माँग को पूरी तरह अनसुना नहीं किया। एक दिन राजमाता को बता दिया गया कि महाराज जनकोजीराव को ही ग्वालियर का सिंहासन सौंपा जाएगा। महाराज जनकोजीराव राजमाता बैजाबाई के ख़िलाफ़ बग़ावत पर आमादा थे।

बैजाबाई की स्मृतियाँ और गहरा गईं। वो शायद मोहर्रम का आख़िरी दिन था, ताज़िए शहर भर में घूमकर वापस इमामबाड़ों को लौट रहे थे। महाराज ने बग़ावत के लिए पूरी तैयारी कर ली थी, लेकिन समय रहते राजमाता को महाराज की योजना का पता चल गया था। सो वे बच निकलीं।

राजमाता ने जैसे हार मानना कभी सीखा ही न था। वे एक तरफ़ फिरंगियों से लोहा ले रही थीं तो दूसरी तरफ़ महल के भीतर

अपने ख़िलाफ़ चल रहे षड्यंत्रों से भी जूझ रही थीं। उन्होंने सेना और मातहतों को समय पर वेतन भुगतान करने की व्यवस्था कर सबको अपने पाले में खींच लिया था, जबकि विरोधी राजमाता की छवि एक कंजूस महिला के रूप में बनाने की कोशिश में थे।

बैजाबाई ने हार नहीं मानी। 1832 में उन्होंने एक दमदार मंत्री राव जी त्र्यंबक की मदद से रियासत के वित्तीय संसाधन अपने क़ब्ज़े में कर लिए। राजमाता ने सेना और किसानों का दिल जीतने की चाल चली। राव जी त्र्यंबक की मृत्यु के बाद भी राजमाता इसी नीति पर चलते हुए सत्ता के सूत्र थामे रहीं। उनके विरोधी लगातार महाराज जनकोजीराव के कान भरते रहे, लेकिन क़ामयाब नहीं हो सके।

***

कहते हैं कि सभी दिन एक-से नहीं होते। दो साल बाद ही सेना का समर्थन बैजाबाई से अचानक कम हो गया। महाराज के समर्थक एकजुट होने लगे। अँग्रेज़ भी महल में हस्तक्षेप न करने के अपने निर्णय से पीछे हट गए। नए रीजेंट मार्क के. बिनडिस ने भी राजमाता के ख़िलाफ़ मोर्चा खोल दिया। लॉर्ड विलियम बैंटिक के आदेशों के बावजूद मार्क महाराज को राजमाता को निष्प्रभावी बनाने के लिए उकसाने लगा।

महाराज तो महाराज, रीजेंट मार्क भी राजमाता बैजाबाई का अपमान करने लगा। उसने राजमाता के रेजीडेंसी में प्रवेश पर रोक लगा दी। मार्क राजमाता को बाहर लगे टेंटों में ही बैठने को कहने लगा।

रियासत का मौसम तेज़ी से बदल रहा था। बरसात शुरू हो चुकी थी। रीजेंट मार्क, राजामाता पर यथाशीघ्र रियासत छोड़ देने का दबाव बना रहा था। हारकर राजमाता बैजाबाई अपने भाई हिन्दू राव

को साथ लेकर आगरा की ओर निकल पड़ीं। वे मामले को दिल्ली दरबार तक ले जाना चाहती थीं।

समय ख़राब हो तो सब कुछ विपरीत ही होता है। राजमाता बैजाबाई डेढ़ दशक तक सत्ता में वापस आने के लिए भटकरती रहीं। वे आगरे से मथुरा, मथुरा से फतेहगढ़ रहीं, बाद में उन्हें अँग्रेज़ों ने समझा-बुझाकर बनारस भेज दिया। वे कभी प्रयाग जातीं, कभी बनारस में रहतीं। उन्हें कंपनी सरकार से पेंशन लगातार मिल रही थी।

बात 1841 की है। राजमाता बैजाबाई को सालाना 4 लाख रुपए की पेंशन मिलती थी। यहाँ रहते हुए उनका संपर्क बाग़ियों से हो गया। फिरंगियों को भी इसकी भनक मिल गई।

राजमाता एक तरफ़ अपने आराध्य की भक्ति में डूबी रहीं, दूसरी तरफ़ फिरंगियों को लगातार सफ़ाई देती रहीं कि उनका विद्रोहियों से कोई लेना-देना नहीं है। 1842 में असीरगढ़ के विद्रोह के बाद फिरंगियों का जब उन पर संदेह और बढ़ा तो उन्होंने फिर दोहराया कि वे दुनियादारी से दूर कृष्ण की भक्ति में लीन हैं।

***

बैजाबाई को महल में दोबारा लौटने के लिए लंबी प्रतीक्षा करनी पड़ी। 1843 में जनकोजीराव के निधन के बाद जब जयाजीराव महाराज बने तो राजमाता ने जुगत से अपनी नातिन चिमनबाई का विवाह जयाजीराव सिंधिया से करा दिया।

महाराज जयाजीराव सिंधिया के पास अकूत संपत्ति लेकिन अनिश्चित भविष्य था। रियासत पर लंबी देनदारियाँ थीं। ऐसे में महाराज जयाजीराव सिंधिया ने राजमाता बैजाबाई को वापस रियासत में बुलाकर उज्जैन क्षेत्र का जिम्मा उन्हें सौंप दिया। राजमाता बैजाबाई ने 1847 से 1856 तक उज्जैन में अपना डेरा जमाया। लेकिन 1856 में वे ग्वालियर आ गईं।

झाँसी को छोड़ ज़्यादातर रियासतों में फिरंगियों को लेकर कोई असंतोष नहीं था। लेकिन झाँसी में बग़ावत की ख़बरों के बाद सिंधिया की सेना में भी खुसर-पुसर होने लगी थी। जैसे ही तात्या टोपे और रानी लक्ष्मीबाई के ग्वालियर पर हमले की भनक मिली, बैजाबाई का ख़ून गर्म होने लगा।

बूढ़ी राजमाता ने महाराज जयाजीराव को आश्वस्त किया कि वे फ़िक्र न करें, वे पूरे रनिवास को लेकर सुरक्षित नरवर चली जाएँगी। उन्हें भरोसा था कि विद्रोही उनका सम्मान करेंगे और सिंधिया परिवार की महिलाओं को कोई नुक़सान नहीं पहुँचाएँगे।

दरअसल राजमाता बैजाबाई झाँसी में बग़ावत शुरू होने के बाद तात्या से मिलकर उनकी जितनी मदद कर सकती थीं, कर चुकी थीं। राजमाता का तात्या से पत्राचार भी हुआ था। तात्या चाहते थे कि राजमाता ग्वालियर की सत्ता एक बार फिर अपने हाथों में ले लें। बैजाबाई ने तात्या को समझा-बुझाकर वापस कर दिया।

अँग्रेज़ों की आँखों में धूल झोंककर तात्या टोपे सितंबर के महीने में ग्वालियर आए थे। ये बात तब की है जब तात्या ने कालपी

को अपनी जंग का केन्द्र नहीं बनाया था। टोपे ने महाराज जयाजीराव सिंधिया से 'ग़दर' में मदद के लिए हाथी, घोड़े और ऊँटों के अलावा रसद की माँग रखी थी। "महाराज! हम आपके ही हैं, हमारे साथ अन्याय हुआ है, आपकी मदद के बिना हम फिरंगियों से कैसे निबटेंगे?" तात्या ने विनयावत होकर कहा।

महाराज ने तात्या को पैनी निगाहों से घूरा बोले-

"पता है, तात्या जी! लेकिन फिरंगी हमारे दोस्त हैं..."

"हम भी तो आपके ही हैं महाराज!" तात्या ने महाराज की बात बीच में काटी।

"आपने बड़ी दुविधा में डाल दिया हमें।"

"दुविधा कैसी महाराज...आप हमारी मदद नहीं करेंगे तो फिर कौन करेगा..?" तात्या के स्वर में हीनता थी।

"ठीक है, हम आपको ख़ाली हाथ नहीं जाने देंगे।"

"महाराज की जय हो, हर-हर महादेव!" तात्या ख़ुश होकर बोले। उन्होंने महाराज को झुककर प्रणाम किया।

महाराज जयाजीराव ने सेना प्रमुख से तात्या को बड़ी संख्या में हाथी, घोड़े, ऊँट, तोपें और रसद से भरी बैलगाड़ियाँ देने का आदेश दिया। इससे तात्या को काफ़ी बल मिला, क्योंकि झाँसी से कालपी तक पहुँचते-पहुँचते फिरंगियों से जंग में उनका सैन्य बल काफ़ी कम हो गया था।

तात्या कुछ दिन ग्वालियर में रुकने के बाद साज़ो-सामान के साथ वापस लौट गए। फिरंगियों से लड़ाई ख़त्म होने का नाम ही नहीं ले रही थी। मजबूरन मई में तात्या एक बार फिर ग्वालियर आ धमके। वे महाराज के साथ ही राजमाता बैजाबाई से भी मिलने का मन बनाकर गुपचुप ग्वालियर पहुँचे थे।

तात्या ने अपनी पीछे-पीछे अपनी फ़ौज को भी ग्वालियर पहुँचने के निर्देश दे रखे थे। उनका समर्पण करने का कोई इरादा ही नहीं था शायद!

दीवान दिनकर राव राजवाड़े को जब महाराज जयाजीराव सिंधिया द्वारा तात्या टोपे की मदद करने का पता चला तो वे विरोध में आ खड़े हुए, लेकिन महाराज बोले, “मैंने तात्या की मदद का वादा किया है।”

“लेकिन यह उचित नहीं है महाराज!” दीवान दिनकर राव ने कहा। उन्हें लग रहा था कि कहीं महाराज जयाजीराव सिंधिया बाग़ियों के साथ मिलकर अँग्रेज़ों के ख़िलाफ़ खड़े न हो जाएँ। लेकिन जैसे ही तात्या को दिनकर राव राजवाड़े द्वारा महाराज को फ़ैसला बदलने के लिए विवश किए जाने का पता चला, पूरा परिदृश्य बदल गया।

***

ग्वालियर से नरवर का सफ़र छोटा नहीं है। महल की महिला सदस्य, बच्चे और परिचारकों के लिए ये पहली कौतूहल भरी यात्रा थी। बड़ी राजमाता बैजाबाई तथा सभी रानियाँ हाथियों पर सवार थीं।

शाही कारवाँ में हाथियों के अलावा ऊँट, घोड़े और हथियारबंद सैनिकों का बड़ा दस्ता था। बैलगाड़ियों में रसद भरी थी। एक विचित्र-सा कोलाहल हो रहा था। एहतियात ये बरती जा रही थी कि पूरा फ़ौज-फाँटा उन रास्तों से गुज़रे जिनमें कोई बस्ती न पड़ती हो।

घोड़ों की टापों की आवाज़ें, ऊँटों के गले में बँधे घुँघरुओं की छनछन और बीच में हाथियों की चिंघाड़ युद्ध संगीत का आभास करा रही थी। अपने-अपने वाहनों पर सवार लोग दूर-दूर तक फैले खेतों, पहाड़ों और जंगल को देखकर मुदित थे।

कौतूहल सूने रास्तों पर विचरण करने वाले वन्य प्राणियों को भी था। उन्होंने भी ऐसा दृश्य कहाँ देखा था। रास्ते में मिलने वाले चरवाहे फ़ौजी कारवाँ देखकर रास्ते से दूर सहमे खड़े नज़र आते थे।

नरवर जा रहे राजपरिवार के सदस्य तनाव में थे, उन्हें पता नहीं था कि वे कब वापस ग्वालियर लौटेंगे। सन्नाटे को तोड़ते हुए रानी चिमनबाई, बड़ी राजमाता बैजाबाई की ओर मुख़ातिब हुईं।

'माँ साहब! सुना है आप बहुत बढ़िया घुड़सवारी करती थीं?"

बैजाबाई मुस्करा दीं।

"कोई क़िस्सा सुनाइए न माँ साहब, ताकि रास्ता भी कट जाए और थकान भी न हो।" रानी चिमनबाई ने आग्रह किया। रानी लक्ष्मीबाई की आँखों में भी मौन अनुरोध था। नन्हे बलवंत के लिए इस संवाद का कोई अर्थ न था।

"अरे रहने दो..." बैजाबाई ने टालना चाहा। नहीं, नहीं... दोनों रानियों ने राजमाता के घुटने दबाते हुए आग्रह दोहराया।

पुरानी स्मृतियों में लौटते ही बैजाबाई के चेहरे पर एक ख़ास चमक लौट आई। वे बोलीं, "तो सुनो!"

"जी।"

"बात तब की है जब मैं फ़तेहगढ़ में थी। कोई 23 साल पहले फिरंगियों और उनके चहेते सरदारों ने महाराज के कान भरकर मुझे रियासत से निर्वासित करा दिया था।"

"अच्छा!" दोनों रानियों ने विस्मय से राजमाता की ओर देखा।

राजमाता ने बताया कि एक लेखिका फ़ैनी पार्केस उन्हें वहाँ मिलीं। फ़ैनी ने मराठा पोशाक पहनकर मराठा शैली में घुड़सवारी कर उन्हें आशीर्वाद दिया। फ़ैनी पार्केस उनकी घुड़सवारी देखकर ही हतप्रभ थीं। फ़ैनी उनकी घुड़सवारी के साथ ही उनके हौसले की भी प्रशंसक बन गईं।

"घुड़सवारी के अलावा आपको और क्या-क्या आता है, माँ साहब?"

"मैंने ख़ूब तलवारबाज़ी की है, भारी से भारी भाले हवा में तिनके की तरह उछाले हैं।" बैजाबाई ने गर्व से कहा।

बतकही के चलते लंबे रास्ते अचानक छोटे लगने लगे। शाही काफ़िला रुकते-रुकाते, क़िस्से सुनते-सुनाते नरवर पहुँच गया। नरवर के क़िले में सिंधिया परिवार का पहला पड़ाव था।

***

ग्वालियर अंचल मरुस्थल की तरह तपने लगा था। जून के महीने में ग्वालियर की गर्मी में सड़कों का डामर पिघलने लगता है।

मारे गर्मी के लोग घरों से बाहर नहीं निकलते, कर्फ्यू-सा लग जाता है। गर्मी से परेशान पेड़-पौधे भी एक तरह से निर्वस्त्र दिखाई देते हैं।

ऐसी घनघोर और ख़ून सुखा देने वाली गर्मी में जनरल ह्यूरोज की हत्यारी फ़ौजें झाँसी की रानी लक्ष्मीबाई का लगातार पीछा कर रही थीं। रानी लक्ष्मीबाई अपने जांबाज़ अंगरक्षकों और सेना के साथ लगातार बढ़ रही थीं। झाँसी की रानी को लगातार झाँसी से दूर किया जा रहा था, जबकि सारी लड़ाई झाँसी की ही थी।

इधर रानी लक्ष्मीबाई और उनकी फ़ौज आगे बढ़ रही थी, उधर ग्वालियर में दीवान दिनकर राव का दिमाग़ तेज़-तेज़ दौड़ने लगा था। उन्होंने अपने अँग्रेज़ हाकिमों और महाराज जयाजीराव सिंधिया से विमर्श कर अँग्रेज़ परिवारों के साथ ही राजपरिवार के सदस्यों को सुरक्षित ठिकानों पर भेजने की योजना पर काम शुरू कर दिया था।

महल के भीतर की गतिविधियों से प्रजा में भी बेचैनी थी। प्रजा को महल के रुख़ की भनक नहीं थी और महल को प्रजा के रुख़ की, पर एक बात साफ़ थी कि बहुसंख्यक लोगों की सहानुभूति झाँसी की रानी लक्ष्मीबाई के प्रति थी। आख़िर 'घुटना पेट की तरफ़ ही तो मुड़ता है'। लेकिन अंतिम निर्णय तो महल को करना था।

दीवान दिनकर राव राजवाड़े और अँग्रेज़ अफसरों ने रानी झाँसी को ग्वालियर के बाहर रोकने के लिए सेना की एक बड़ी टुकड़ी को मुरार छावनी पर तैनात करने का फ़ैसला कर लिया था, क्योंकि ख़बर थी कि रानी लक्ष्मीबाई उसी दिशा से ग्वालियर में प्रवेश कर सकती हैं।

अँग्रेज़ अफ़सरों और दीवान दिनकर राव ने बाग़ियों से निबटने के लिए बनाई गई पलटन की कमान महाराज जयाजीराव सिंधिया को ही सौंपने की तैयारी की थी। योजना यह थी कि यदि अँग्रेज़ी और मराठा सेना रानी झाँसी को आगे बढ़ने से न रोक पाई तो

महाराज जयाजीराव सिंधिया को मोर्चे से सुरक्षित निकालकर रियासत की सरहद के बाहर भेज दिया जाएगा।

महाराज जयाजीराव सिंधिया अँग्रेज़ों और दिनकर राव राजवाड़े की इस चाल से अनजान तो नहीं थे, लेकिन वे इस योजना का विरोध भी नहीं कर पा रहे थे। उन्होंने मन ही मन ग्वालियर को ख़ून-ख़राबे से बचाने का संकल्प ले लिया था। महाराज के मन में क्या था, किसी को पता नहीं था। न महारानी चिमनराजे को और दीवान दिनकर राव राजवाड़े को।

***

जून महीने का पहल सप्ताह ऊहापोह में निकला। झाँसी की रानी लक्ष्मीबाई पूरी ताक़त से अँग्रेज़ी फ़ौज से जूझते हुए आगे की ओर बढ़ रही थीं। रास्ते की छोटी रियासतों और जागीरों को रौंदते हुए रानी का काफ़िला रुकने का नाम नहीं ले रहा था।

ग्वालियर को ख़ुफ़िया सूचनाएँ मिल चुकी थीं कि रानी झाँसी का अगला लक्ष्य ग्वालियर पर फ़तह हासिल करना है, क्योंकि यदि ग्वालियर के महाराज जयाजीराव सिंधिया इस लड़ाई में साथ हो गए तो अँग्रेज़ों को मुँह की खानी ही पड़ेगी। रानी झाँसी को पता था कि कटौती के बाद भी ग्वालियर के पास इतनी सेना तो है ही जो जनरल ह्यूरोज की सेना को खदेड़ सके।

रानी झाँसी फिरंगियों से लड़ते हुए ग्वालियर से कुछ मील दूर बिल्हैटी गाँव में डेरा डाल चुकी थीं। गाँव के लोगों ने रानी का भव्य स्वागत किया और उनकी फ़ौज के लिए खुले मन से राशन-पानी का इंतजाम कर दिया। जनता की सहानुभूति देख रानी लक्ष्मीबाई आश्वस्त थीं। गाँव में एक तरह से रतजगा हो रहा था। गाँव के चारों ओर रानी की सेना की छावनी बन गई थी। घोड़ों की हिनहिनाहट से रात का सन्नाटा रह-रहकर टूट जाता था। किसी की भी आँखों में नींद का नामोनिशान नहीं था।

रानी लक्ष्मीबाई के साथ कानुपर के राजा मर्दन सिंह, तात्या टोपे और राव की सेना थी। अँग्रेज़ों से लगातार परास्त हो रही बाग़ियों की सेना की ताक़त कम हो रही थी, मनोबल टूट रहा था। सबको उम्मीद थी कि यदि ग्वालियर फ़तह कर लिया जाए तो शायद इस लड़ाई को और तेज़ किया जा सकता है। कोटा, कालपी की कड़वी यादें अब तक बाग़ियों का पीछा नहीं छोड़ रही थीं।

इससे पहले राव साहब ने ग्वालियर के महाराज जयाजीराव सिंधिया के नाम एक ख़त लिखकर ग्वालियर भेज दिया था। राव

साहब का ख़त फ़ौरन महाराज की सेवा में पेश किया गया। राव साहब का पत्र पढ़कर महाराज खिन्न हो गए।

राव ने महाराज को सजातीय होने का हवाला देकर मदद का आग्रह किया था। राव साहब पेशवा नाना साहब के प्रतिनिधि के नाते ग्वालियर को अपना शुभचिंतक मानते थे।

***

रात गहराने लगी थी। आसमान एकदम साफ़ था। खेतों से झींगुरों की तेज़ आवाज़ें चारों ओर से आ रही थीं। बीच-बीच में सियारों की हुआ-हुआ भी सन्नाटे को चीरती थी।

रानी लक्ष्मीबाई अपने शिविर के बाहर बैठी थीं। रानी के पास उनका विश्वस्त नौकर रामचंद्र राव, सेविका काशीबाई, ठाकुर रघुनाथ सिंह कप्तान और कृष्णराव बुआ थे।

काशीबाई ने चुप्पी तोड़ी।

"रानी साहिब आप पहले भी कभी ग्वालियर आई हैं?"

"हाँ!... हाँ..." रानी लक्ष्मीबाई का ध्यान भंग हुआ।

वे ख़ामोश बैठी थीं।

"हाँ! काशी, जब मैं चार साल की थी तब अपने बाबा के साथ ग्वालियर में बाबा गंगादास से मिलने आई थी। मेरे बाबा, गंगादास जी से मेरे भविष्य के बारे में जानना चाहते थे।"

"अरे वाह! तो बाबा ने क्या कहा था?" काशीबाई ने उत्सुकता से पूछा।

रानी लक्ष्मीबाई मुस्कराईं। "उन्होंने कहा था कि यह लड़की रानी बनेगी रानी, और देखो मैं रानी बन गई।" रानी लक्ष्मीबाई की आँखें छलक उठीं।

"फिर कभी दोबारा गंगादास जी महाराज से मिलना हुआ आपका?" इस बार सवाल नौकर रामचंद्र राव ने किया।

"हाँ रामचंद्र, बाबा से मैं शादी के पहले भी एक बार मिली थी। मेरे बाबा (पिता) मोरोपंत गंगादास महाराज के परम भक्त थे। वे यहाँ ये जानने आए थे कि मेरा वैवाहिक जीवन कैसा रहेगा।" रानी बताते हुए अतीत में खो गईं।

गंगादास महाराज ने लक्ष्मीबाई की ओर न देखकर आकाश की ओर देखते हुए कहा था-

“मोरोपंत! ये लड़की इतिहास बनाएगी, इतिहास। जैसे किसी भवन को बनाने से पहले नींव खोदनी पड़ती है, वैसे ये लड़की देश में स्वराज की नींव खोदेगी, ये लड़की स्वाधीनता के लिए बलिदान देने से भी पीछे नहीं हटेगी।”

बाबा गंगादास ने ये सब क्यों कहा, तब न मोरोपंत की समझ में आया था और न लक्ष्मीबाई की, लेकिन आज उनका कहा सामने था।

“अच्छा! अब आप तनिक विश्राम कर लें, हमें तड़के ही ग्वालियर की ओर प्रस्थान करना है।” रानी लक्ष्मीबाई ने विषयांतर किया और अपने स्थान से उठ खड़ी हुईं।

हर...हर महादेव! के उच्चार के साथ सब अपने-अपने शिविर में चले गए। लेकिन नींद किसी की आँखों में नहीं थी। रानी सोच रही थीं कि कल ग्वालियर में उनका सामना महाराज जयाजीराव सिंधिया की सेना से होगा तो क्या? ग्वालियर की सेना ग़दर में शामिल होगी, या फिर वहाँ भी ख़ून-ख़राबा होगा?

करवटें बदलते हुए पौ फटने लगी, शिविर में अचानक हलचल तेज़ हो गई। रानी लक्ष्मीबाई भी तैयारी में जुट गईं। सब अपने-अपने जिम्मे के काम में जुट गए। योजना थी कि सूरज निकलने से पहले ही ग्वालियर पर धावा बोलना है।

इधर महाराज जयाजी राव सिंधिया पसोपेश में थे। उनके सामने दीवान दिनकर राव राजवाड़े और रानी चिमनराजे के चेहरे घूमने लगे। दोनों की नसीहतें याद आने लगीं। महाराज ने फ़ौरन एक छोटा-सा जवाबी ख़त लिखकर राव के दूत को थमा दिया। सिंधिया ने राव साहब से आग्रह किया कि वे ग्वालियर की ओर न बढ़ें, अन्यथा जो झाँसी में हो चुका है, ख़ूँखार अँग्रेज़ वही सब ग्वालियर में भी करेंगे।

महाराज को सारी रात नींद नहीं आई। उधर मेजर जनरल मेकपर्सन और दिनकर राव ने मिलकर महाराज की सुरक्षा के लिए छह सौ अंगरक्षकों के अलावा सात हज़ार सैनिकों और तोपों को मुरार छावनी की तरफ़ मोर्चा लेने के लिए तैयार कर दिया।

महाराज जयाजीराव सिंधिया के लिए जीवन का यह पहला मोर्चा था। उन्होंने भारी मन से ख़ुद को इस युद्ध के लिए तैयार किया। सेवकों ने उन्हें जिरह-बख़्तर पहनाए, बूटों के तस्मे बाँधे। महाराज ने सिर पर पेशवाई पगड़ी रखी। माथे पर त्रिपुण्ड लगाया और हाथ में रत्नजड़ित तलवार लेकर जब वे आईने के सामने खड़े हुए तो ख़ुद को ही नहीं पहचान पाए।

***

मनुष्य के जीवन में 'आत्ममुग्धता' परछाईं की तरह पीछा करती है। महाराज जयाजीराव सिंधिया भी स्वयं को सैन्यवेश में देख आत्ममुग्ध थे। उन्हें सैन्यवेश में पहली बार देखने वाले महल में मौजूद दूसरे लोग भी चकित थे। सैन्य पोशाक महाराज की कसी हुई देह पर ख़ूब फ़ब रही थी।

आत्ममुग्धता ज़्यादा देर ठहरती नहीं है। महाराज सिंधिया की आत्ममुग्धता को उनके अंतर्द्वंद्व ने घेर लिया।

"लेकिन मैं लड़ने किससे जा रहा हूँ, एक महिला से, एक विधवा महिला से, जिससे मेरी कोई शत्रुता नहीं?" एक सवाल काँटे की तरह महाराज जयाजीराव सिंधिया के ज़ेहन से चुभा। टीस उठी। वे विचलित हो गए। हाथ में ली हुई तलवार अचानक उन्हें भारी लगने लगी।

***

आख़िर वो दिन आ ही गया जब मुरार छावनी के बाहर रानी लक्ष्मीबाई की अगुवाई में बाग़ियों की फ़ौज सिंधिया की फ़ौज के सामने आ खड़ी हुई। महाराज जयाजीराव सिंधिया के मन में द्वंद्व था। वे द्रवित थे, कैसे रानी पर वार करने के लिए कहते? उन्होंने अपनी सेना के नायकों से बाग़ियों का मुक़ाबला करने को कहा। सिंधिया की सेना ने बाग़ी सेना पर तोपें भी दाग़ीं, लेकिन कुछ ही देर में पीछे हटना शुरू कर दिया।

महाराज सिंधिया हाथी पर सवार थे, उनके साथ कोई छह सौ अंगरक्षकों की टुकड़ी थी, बाक़ी पैदल और घुड़सवार टुकड़ियों के अलावा दो दर्जन तोपें थीं। सिंधिया की नज़रें युद्ध भूमि में झाँसी रानी लक्ष्मीबाई की एक झलक पाने को बेचैन थीं।

अँग्रेज़ों के ख़िलाफ़ बग़ावत करने वाली रानी लक्ष्मीबाई महाराज जयाजीराव सिंधिया से उम्र में कोई छह साल बड़ी थीं। राजा गंगाधर राव नेवालकर से उनकी शादी 14 साल की उम्र में 1842 में हुई थी। वे मुश्किल से एक दशक उनके साथ रह पाई थीं कि विधवा हो गईं।

महाराज जयाजीराव सिंधिया ने सुन रखा था कि रानी लक्ष्मीबाई अपने दत्तक पुत्र दामोदर राव को युद्ध के मैदान में साथ लेकर आती हैं। न उन्हें रानी दिखाई दे रही थीं और न तात्या। राव साहब भी अपनी सेना के साथ कहाँ थे, कुछ समझ में नहीं आ रहा था।

सिंधिया की सेना ने रानी की सेना पर तोप से एक गोला दाग़ा। सामने कोलाहल हुआ, लेकिन अचानक सिंधिया की सेना में भी भगदड़-सी मच गई। सिंधिया की सेना के जवानों ने रानी की सेना पर हमला करने से इंकार कर दिया। सिंधिया की सेना के अँग्रेज़ अफ़सर चीख़-चीख़कर अपने सिपाहियों को आगे बढ़ने के लिए निर्देश देते नज़र आ रहे थे, लेकिन उनकी आवाज़ कोई सुन नहीं रहा था।

महाराज जयाजीराव सिंधिया के हाथ-पाँव भी फूल गए। अँग्रेज़ अफ़सरों ने सिंधिया की सेना में रानी के प्रति सहानुभूति देख महाराज को सुरक्षित स्थान पर ले जाने का फ़ैसला कर उन्हें मोर्चे से हटा दिया।

महल से सिंधिया की पत्नियों और बच्चों को लेकर बड़ी राजमाता बैजाबाई पहले ही नरवर के लिए प्रस्थान कर चुकी थीं। उनके साथ पर्याप्त संख्या में सुरक्षा के लिए हाथी, घोड़े और सैनिक तथा रसद से भरी बैलगाड़ियाँ थीं।

महल में केवल अनुचर रह गए थे, जिस महल में हमेशा चहल-पहल रहती थी वहाँ दीवारें तक सहमी हुई थीं, कंगूरे उदास थे।

दीवान दिनकर राव राजवाड़े और मेजर जनरल मेकपर्सन की योजना के अनुसार अँग्रेज़ सैनिक व अफ़सर महाराज जयाजीराव सिंधिया को अंगरक्षकों के साथ मुरैना की ओर ले निकले। बिना किसी बड़े प्रतिरोध के ग्वालियर पर बाग़ियों का क़ब्ज़ा हो गया।

रानी की फ़ौजों का पीछा कर रहे जनरल ह्यूरोज ने जब ये ख़बर सुनी तो बौखला उठा।

"आख़िर ये सब कैसे हुआ?" अपने मातहतों के साथ बैठे जनरल ह्यूरोज ने कहा।

"शायद सिंधिया की सेना खुलकर लड़ी नहीं सर!" एक अँग्रेज़ अफ़सर ने अनुमान जताया।

जनरल ह्यूरोज ने जलती हुई निगाहों से उस अफ़सर की ओर देखा। ह्यूरोज ग़ुस्से में अपने दाँत पीस रहा था।

"आगे बढ़ो! हरी अप!" वह चिल्लाया। उसकी अगुवाई में हज़ारों अँग्रेज़ सैनिक एक महीने से रानी लक्ष्मीबाई और उनके सहयोगियों का पीछा कर रहे थे। ह्यूरोज को उम्मीद थी कि यदि रानी ग्वालियर पहुँचीं तो उनकी फ़ौज दो पाटों के बीच फँसकर पिस जाएगी, लेकिन हुआ उल्टा। ग्वालियर अँग्रेज़ों के हाथ से निकल गया।

ग्वालियर के क़िले और सिंधिया के महल पर बाग़ियों का क़ब्ज़ा था। राव साहब को ग्वालियर का राजा घोषित कर दिया गया था।

राव साहब ने महल में दरबार लगाया। सिंधिया दरबार के बचे-खुचे सरदार और खजांची अमरचंद बाठिया दरबार में हाथ जोड़े खड़े थे। राव साहब ने खजांची से ख़जाने से बाग़ी फ़ौजों को वेतन देने के लिए कहा। ख़जांची बाठिया ने बिना ना-नुकर के राव साहब की आज्ञा का पालन किया। राव साहब और रानी लक्ष्मीबाई की सेना ने जलविहार में जीत का जश्न मनाया।

ग्वालियर की प्रजा के लिए ये एक अनूठा अनुभव था। ग्वालियर के महाराज जयाजीराव सिंधिया का कुछ अता-पता नहीं था, दीवान दिनकर राव राजवाड़े भी कहीं नज़र नहीं आ रहे थे। एक तरह से अराजक स्थिति थी। रियासत में तनाव और अनिश्चय का दौर था।

जलविहार में रात्रि भोज के समय राव साहब, तात्याटोपे और रानी लक्ष्मीबाई ने परस्पर मंत्रणा की।

"अब आगे क्या होगा राव साहब?" रानी लक्ष्मीबाई ने प्रश्न किया। तात्या टोपे राव साहब की ओर प्रश्नाकुल आँखों से देख रहे थे। "युद्ध होगा, युद्ध," राव साहब ने कहा। "हमने ग्वालियर को जीता है, लेकिन अँग्रेज़ों को हरा नहीं पाए हैं हम, जनरल ह्यूरोज किसी भी समय ग्वालियर पहुँच सकता है।" वे बोले।

"तो क्या हमारा फ़ैसला ग्वालियर में ही होगा?" तात्या का सवाल था।

"और नहीं तो क्या, जब तक हम यहाँ ह्यूरोज के साथ ही अँग्रेज़ों की बाक़ी सेना को नहीं जीत लेते, आगे नहीं बढ़ सकते।" राव गंभीर स्वर में बोले।

"हम अपनी आख़िरी साँस तक लड़ेंगे।" तभी लक्ष्मीबाई ने हुंकार भरी। वे बेहद थकी हुई थीं। रानी का चेहरा निरंतर यात्रा और

संघर्ष से थक गया था। उनका रंग श्याम हो चला था, लेकिन चेहरे की आभा क्लांत होकर भी दमक रही थी।

“हाँ! हम ज़रूर लड़ेंगे!” राव ने दोहराया।

“जब तक ह्यूरोज ग्वालियर पहुँचेगा, हमारी सेना भी सुस्ता लेगी।” तात्या ने कहा।

“मुझे कल नया घोड़ा चाहिए, मेरा घोड़ा थक गया है।” रानी लक्ष्मीबाई ने तात्या टोपे की ओर देखकर कहा।

“जी! कल सुबह ही हम सिंधिया के अस्तबल जाकर आपके लिए घोड़ा ले लेंगे।” तात्या ने कहा।

इस संक्षिप्त विमर्श के बाद सभा विसर्जित हो गई। रात जैसे गर्म चादर तानकर सो गई। जून महीने में ग्वालियर का दुर्ग तप रहा था। महल की दीवारें गर्म श्वास छोड़ती–सी प्रतीत हो रही थीं। रानी लक्ष्मीबाई की आँखों से नींद नदारद थी। हालाँकि थकान से उनकी पलकें बोझिल हो रही थीं। रानी को नींद कब आ गई पता ही नहीं चला। उनके कक्ष के बाहर पहरेदार सतर्क थे।

***

ग्वालियर में गर्मी अपने पूरे प्रकोप पर थी। शेष दिनों में हरियाली बिखेरने वाले छतनार पेड़ नंगे खड़े थे। पेड़ों से पत्तियाँ झड़ चुकी थीं। वृषभ राशि का सूरज ऐसी आग बरसा रहा था कि छाया भी पानी माँगती दिख रही थी।

इस मौसम में लगातार लड़ने वाली बाग़ियों की सेना के जवान और अश्वदल तो पस्त थे ही, फिरंगियों की हालत भी ख़राब थी। अनेक गोरे सैन्य अफ़सरों को लू लग गई थी, किसी को उल्टियाँ हो रही थीं, तो किसी को दस्त लग रहे थे। लड़ाई जारी रखना कठिन हो रहा था, लेकिन ह्यूरोज किसी भी सूरत में रुकने को तैयार नहीं था।

सर ह्यूरोज की माँग पर दिल्ली से भी अतिरिक्त फ़ौज की टुकड़ियाँ ग्वालियर पहुँच चुकी थीं। फिरंगियों की सैन्य ताक़त बढ़ रही थी, लेकिन बाग़ियों की ताक़त लगातार क्षीण हो रही थी। हालाँकि सिंधिया और उनकी सेना को खदेड़ने के बाद बाग़ी सेना का मनोबल बढ़ गया था। वे दोगुने उत्साह से लड़ने के लिए राज़ी थे। रानी की सेना को गर्मी में लड़ने का अभ्यास था ही। आसपास की छोटी रियासतों में भय का माहौल था। कंपनी सरकार की पूरी नज़र ग्वालियर पर थी। सामरिक दृष्टि से महत्वपूर्ण ग्वालियर बाग़ियों के क़ब्ज़े में था।

उधर महाराजा जयाजीराव सिंधिया ने लश्कर को कुतवार के पास हरिसिद्धि के मंदिर पर रुकने का आदेश दिया। अँग्रेज़ अफ़सर महाराज को आगरा ले जाने पर आमादा थे, लेकिन महाराज की ज़िद के आगे किसी की एक न चली।

चंबल के इस निर्जन से इलाक़े में सिंधिया और अँग्रेज़ों की मिली-जुली सेना थी। सिंधिया अपने खेमे में विचारमग्न लेटे थे। वे अपने महल, ख़जाने और प्रजा के बारे में सोच-सोचकर परेशान थे।

“मैदान छोड़ने से तो अच्छा था कि मैं राव साहब की बात मान लेता।“ सिंधिया मन ही मन सोचने लगे। “कम से कम मुझ पर

रानी का साथ न देने का आरोप तो न लगता। मेरी सत्ता ने मुझे कलंकित कर दिया है। काश! मैंने अपने दीवान और मेजर मेकपर्सन की बात न मानी होती।" महाराज जयाजीराव को पछतावा हो रहा था। लेकिन अब क्या हो सकता था।

ग्वालियर की ख़बरों को लेकर महाराज सदा उत्सुक रहते थे। कई दिन बीत गए थे, लेकिन ग्वालियर से कोई ख़बर नहीं आई थी, न अच्छी न बुरी। महाराज रह-रहकर अपने मातहतों से पूछते रहते थे।

"कुछ पता चला?"

"नहीं महाराज! अभी कोई ख़बर नहीं मिली।"

"रानी लक्ष्मीबाई, राव साहब और तात्या टोपे अभी ग्वालियर में ही हैं।"

"सब ख़ैरियत तो है?"

"जी महाराज!"

"अच्छा!" महाराज मौन हो गए। युवा सिंधिया की आँखों के सामने एक बार फिर महाराजपुरा की जंग के चित्र उभरने लगे। उस समय तो वे अबोध थे। महल में आए ही थे, लेकिन उन्होंने महल में युद्ध की काली छाया मँडराते देखी थी। महाराज को न ढंग से नींद आ रही थी और न खाना अच्छा लग रहा था। उन्हें पता नहीं था कि वे अब कब वापस ग्वालियर लौटेंगे, लौटेंगे भी या नहीं? अनिश्चय, आशंका और अनहोनी की पताकाएँ उनके चारों और फड़फड़ा रही थीं।

महाराज कभी रानी लक्ष्मीबाई के शौर्य की मन-ही-मन सराहना करते, तो कभी रानी के विद्रोह को उनका अनाड़ीपन कहकर उन्हें कोसते। रानी लक्ष्मीबाई ने बग़ावत का झंडा ऊँचा करने से पहले एक बार तो उनसे बात की होती।

"रानी को राव साहब और तात्या टोपे ने उकसा दिया वरना मामला बातचीत से सुलझ सकता था।" महाराज के मन में विचारों का

ज्वार-भाटा उठ-बैठ रहा था। भारत का एक बड़ा महाराज महल छोड़कर बीहड़ में पड़ा था और एक रानी अपना क़िला छोड़कर अँग्रेज़ों से लोहा ले रही थी।

महाराज जयाजीराव सिंधिया और रानी लक्ष्मीबाई का नसीब अँग्रेज़ों की वजह से ही संकट में था। अँग्रेज़ों ने तो ग्वालियर को भी हराने का प्रयास किया था। वो तो हिकमत अमली से काम लिया गया, वरना...

***

झाँसी से ग्वालियर पहुँचने तक तात्या टोपे के नेतृत्व वाली 20 हज़ार की फ़ौज घटकर आधी रह गई थी। तात्या टोपे जिस दिन ग्वालियर पहुँचे उनकी सेना में कुल ग्यारह हज़ार सैनिक बचे थे। तात्या ने सोचा था कि अगर सिंधिया का साथ मिल जाएगा तो एक बार फिर उनकी फ़ौज की ताक़त पहले जैसी हो जाएगी। लेकिन होनी को तो कुछ और ही मंज़ूर था।

जनरल ह्यूरोज रानी लक्ष्मीबाई का पीछा करते एक दिन ग्वालियर आ धमका, लेकिन जब उसे पता चला कि रानी ने ग्वालियर पर क़ब्ज़ा कर लिया है तो उसका ग़ुस्सा सातवें आसमान पर पहुँच गया।

जनरल ह्यूरोज ने ग्वालियर में रानी की फ़ौज पर पूर्वी भाग से हमला करने का फ़ैसला किया। उसकी फ़ौज के ग्वालियर पहुँचने की ख़बर मिलते ही ग्वालियर में आराम कर रही बाग़ियों की सेना में खलबली मच गई। बाग़ियों ने ह्यूरोज और उसकी सेना की नृशंसता देखी थी।

पौ फटने से पहले ही रानी लक्ष्मीबाई ने मर्दाना फ़ौजी वस्त्र पहने और अपनी फ़ौज को लेकर कोटे की सराय पर आ डटीं। रानी ने अपने सैनिकों को संबोधित किया।

'वीर बुंदेलो! आज की लड़ाई निर्णायक होने वाली है, आज या तो हम हमेशा के लिए विजयी होकर झाँसी वापस लौटेंगे, या फिर यहीं ग्वालियर की माटी में हमारा अंत होगा। क्या आप सब उत्सर्ग के लिए तैयार हैं?"

फ़ौज ने समवेत हुंकार भरी, हम आख़िरी साँस तक आपके और झाँसी के लिए लड़ेंगे। जवाब में रानी ने हवा में अपनी तलवार लहराई। रानी की कलाइयों में सजे जड़ाऊ कंगन बज उठे। उनके गले में पड़े श्वेत मनकों की माला की दमक जैसे दो गुना बढ़ गई।

रानी लक्ष्मीबाई को एक तरफ़ से ह्यूरोज की सेना ने घेर रखा था तो दूसरी तरफ़ से लॉर्ड कैनिंग की सेना ने। एक हुंकार के साथ अँग्रेज़ी फ़ौजों से रानी की फ़ौज भिड़ गई। कोटे की सराय से फूलबाग़ तक लड़ते-लड़ते रानी की सेना घटकर आधी रह गई।

अँग्रेज़ सेना की 8वीं घुड़सवार बटालियन के जवान रानी झाँसी के ऊपर फ़ायर करते हुए आगे बढ़ रहे थे। रानी की एक टुकड़ी गोरों की फ़ौज का प्राणपण से मुक़ाबला कर रही थी, तभी एक गोली रानी के घोड़े को लगी और वह लड़खड़ा गया। गोरों की फ़ौज भूखे भेड़ियों की तरह एक सिंहनी का शिकार करना चाहती थी।

घमासान में रानी और उनका घोड़ा बुरी तरह घायल हो गया। रानी के शरीर पर गोलियों और तलवारों के अनेक घाव हो चुके थे। रानी को उनके अंगरक्षक जैसे-तैसे अँग्रेज़ी फ़ौजों की आँखों में धूल झोंककर गंगादास की शाला तक ले पहुँचे। रानी ने बाबा गंगादास की ओर अधमुँदी आँखों से देखा और बुदबुदाई, "बाबा, मेरी देह को गोरों के अपवित्र हाथ छूने न पाए।" बाबा गंगादास की शाला में सैकड़ों साधुओं का डेरा रहता था। बाबा ने सबको शाला के बाहर जाकर गोरों की फ़ौजों को तब तक रोके रखने के लिए कहा जब तक कि वे रानी साहिब का अंतिम संस्कार न कर दें।

शाला के बग़ीचे में रखी सूखी घास को फैलाकर आनन-फानन में चिता बनाई गई। बाबा ने रानी के मुँह में गंगाजल और तुलसी पत्र रखा, और उनकी नब्ज़ थमते ही पार्थिव देह को चिता पर रख आग के हवाले कर दिया। रानी की चिता जब तक पूरी तरह राख नहीं हो गई तब तक उनका प्रिय नौकर रामचंद्र एवं सेविका काशीबाई, ठाकुर रघुनाथ सिंह और पठान अपने हथियार लिए चिता की पहरेदारी करते रहे।

अँग्रेज़ी फ़ौज रानी की तलाश करते-करते शाला तक पहुँच गई। साधुओं ने अपने त्रिशूलों, तलवारों ओर चिमटों के सहारे गोरों की

फ़ौज को तब तक रोके रखा जब तक कि रानी की देह पंचतत्व में विलीन नहीं हो गई।

सर रॉर्बट हैमिल्टन और डॉ. क्रिस्टिसन जब तक मौक़े पर पहुँचे तब तक सब कुछ राख में मिल चुका था। रानी को जीवित पकड़ने का सपना चूर-चूर हो चुका था। जिस रानी की गिरफ्तारी पर अँग्रेज़ों ने एक लाख रुपए का इनाम रखा था, वही करोड़ों के जेवरों को पहने शहीद हो चुकी थीं।

रानी लक्ष्मीबाई के खेत होते ही विद्रोहियों की हिम्मत जवाब दे गई, दो दिन के भीतर राव साहब और तात्या टोपे बाक़ी बची अपनी फ़ौज को लेकर ग्वालियर छोड़कर चले गए। ग्वालियर के जिस दुर्ग पर बाग़ियों का क़ब्ज़ा था वह एक बार फिर अँग्रेज़ों के क़ब्ज़े में था। रानी के साथ ही 'ग़दर' की आग भी बुझ गई थी।

रानी झाँसी की शहादत की सूचना मिलते ही महाराज जयाजीराव सिंधिया का चेहरा बुझ गया। उन्हें काटो तो ख़ून नहीं। वे एक अनजाने अपराधबोध से घिर गए। उन्हें रानी को ग्वालियर में असहाय छोड़ने का फ़ैसला कचोटने लगा। लेकिन वे अपने मन की व्यथा कहें किससे?

ग्वालियर पर दोबारा अँग्रेज़ों के क़ब्ज़े की ख़बर से भी महाराज जयाजीराव सिंधिया बेचैन थे। पता नहीं कब अँग्रेज़ों की नीयत बदल जाए, वे अपने बात से मुकर जाएँ। पर महाराज की तमाम आशंकाएँ निर्मूल साबित हुईं। महाराज को दो दिन बाद ही 20 जून 1858 को सर ह्यूरोज ओर मेजर मेकपर्सन ने ग्वालियर बुलाकर राजपाट वापस सौंप दिया। अँग्रेज़ों ने महाराज जयाजीराव को अपनी सेना भी तीन हज़ार से बढ़ाकर पाँच हज़ार करने की इजाज़त दे दी। अँग्रेज़ अपनी जीत से इतने ख़ुश थे कि उन्होंने महाराज जयाजीराव सिंधिया को मिलने वाली 32 तोपों की सलामी को बढ़ाकर 36 तोप की सलामी कर दिया।

अँग्रेज़ों ने 'ग़दर' कुचलने के बाद हालाँकि महाराज जयाजीराव का क़द बढ़ा दिया था, लेकिन महाराज को ये सब बोझ लग रहा था। गदर के तीन साल बाद महाराज जयाजीराव सिंधिया को 1861 में कंपनी सरकार ने नाइट ग्राण्ड कमाण्डर की उपाधि से सम्मानित भी किया।

ग़दर के बाद अँग्रेज़ रानी झाँसी का अंतिम संस्कार करने वाले बाबा गंगादास को देश निकाला देने की ज़िद पर अड़ गए। अँग्रेज़ों के सामने महाराज की एक न चली। बाबा गंगादास अपना आश्रम छोड़ हरिद्वार चले गए। लेकिन महाराज का अपराधबोध कम होने के बजाय बढ़ता ही गया।

कुछ वर्ष यूँ ही बीत गए, हालात जब मामूल पर आए तब महाराज जयाजीराव सिंधिया अपने दीवान दिनकर राव राजवाड़े को साथ लेकर हरिद्वार गए और बाबा गंगादास को ससम्मान ग्वालियर ले आए। उन्होंने शाला की सेवा में लगी जागीर भी बाबा को लौटा दी। महाराज ने बाबा को शाला की बगिया में रानी लक्ष्मीबाई की कच्ची समाधि बनाने की अनुमति भी दे दी। उस रात पहली बार महाराज को चैन की नींद आई।

***

ग़दर के बाद जब सब कुछ सामान्य हो गया तब महाराज जयाजीराव के मन में दीवान दिनकर राव राजवाड़े के प्रति खटास बढ़ती ही चली गई। वे अपने ऊपर लगे पीठ दिखाने के कलंक के लिए राजवाड़े को ही ज़िम्मेदार मानने लगे थे। बात इतनी बढ़ी कि राजवाड़े ने एक दिन कंपनी सरकार को अपना इस्तीफ़ा भेज दिया। हालाँकि तब तक ग्वालियर सदैव के लिए कलंकित हो चुका था।

कंपनी ने राजवाड़े को बहुतेरा मनाया, क्योंकि राजवाड़े की वजह में ही देश की दूसरी बड़ी ग्वालियर रियासत की न केवल दशा सुधरी थी बल्कि 1857 की क्रांति का समापन भी हुआ था। लेकिन दिनकर राव राजवाड़े भी अपने संकल्प के पक्के थे। वे इस्तीफ़ा वापस न लेने की ज़िद पर अड़े रहे। आख़िर में कंपनी सरकार को मजबूरन उनका इस्तीफ़ा स्वीकार करना पड़ा। महल में एक बार फिर काँच के कंचों की टंकार सुनाई देने लगी।

रानी लक्ष्मी बाई

महाराजा जयाजी राव सिंधिया

महाराज जयाजी राव सिंधिया का दरबार

दीवान दिनकर रॉ रजवाड़े

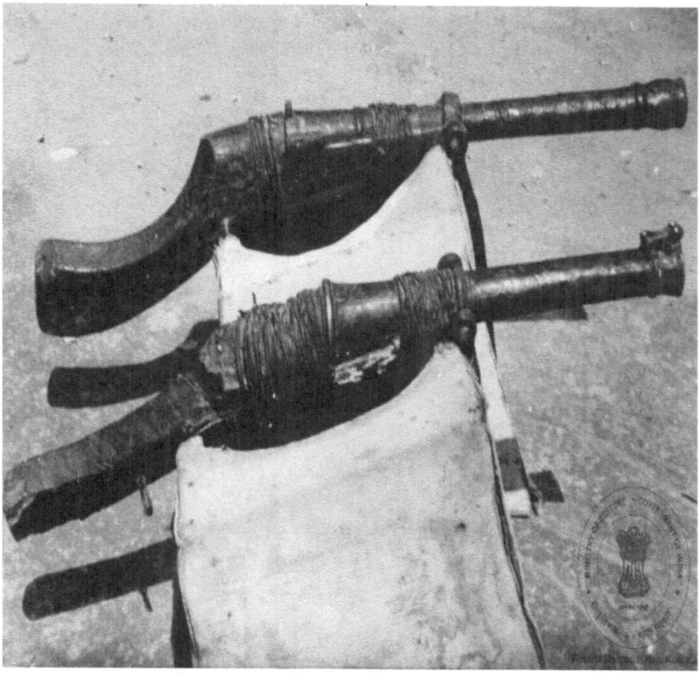

रानी लक्ष्मी बाई के हथियार

ग्वालियर दुर्ग

रानी लक्ष्मीबाई की ग्वालियर स्थित समाधि

झांसी दुर्ग